SOMMARIO

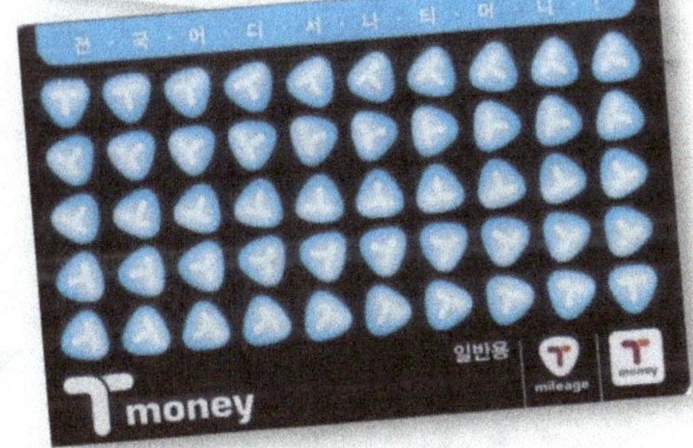

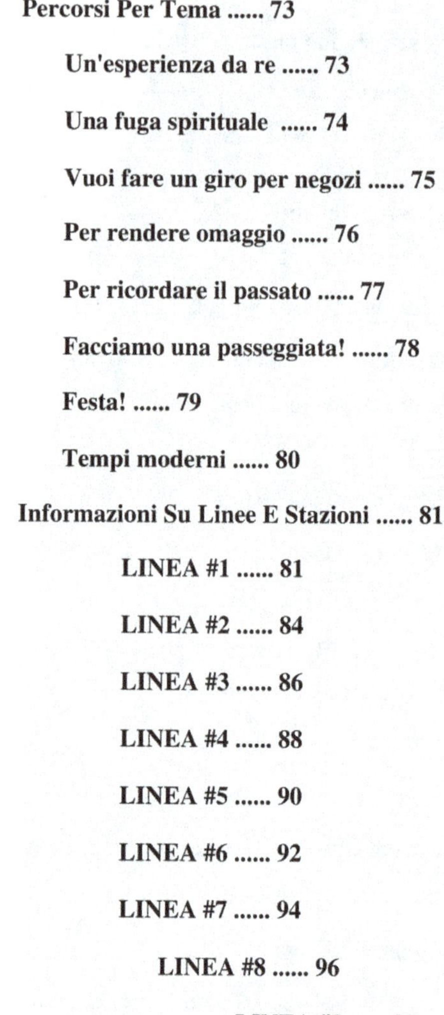

Disclaimer: a causa della natura in costante evoluzione della città, le informazioni fornite in questo libro, come le indicazioni stradali, i tempi e i costi, potrebbero essere imprecise o non aggiornate. Per questo motivo, ti consigliamo vivamente di non affidarti esclusivamente alle informazioni contenute in questo libro e di utilizzare sempre altri strumenti supplementari disponibili per rivedere e confermare i dettagli prima di uscire.

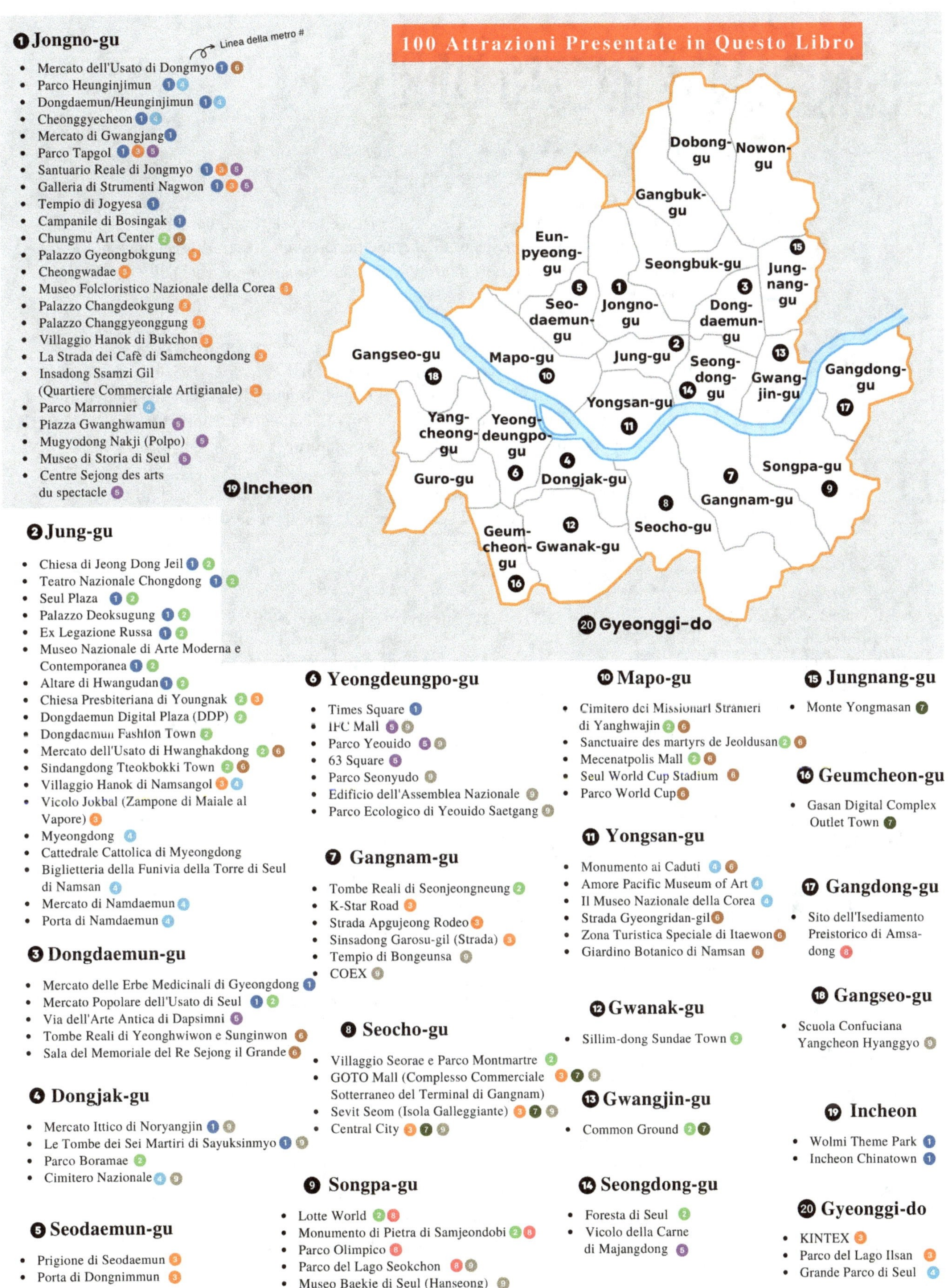

❶ Jongno-gu

- Mercato dell'Usato di Dongmyo ① ⑥
- Parco Heunginjimun ① ④
- Dongdaemun/Heunginjimun ① ④
- Cheonggyecheon ① ④
- Mercato di Gwangjang ①
- Parco Tapgol ① ③ ⑤
- Santuario Reale di Jongmyo ① ③ ⑤
- Galleria di Strumenti Nagwon ① ③ ⑤
- Tempio di Jogyesa ①
- Campanile di Bosingak ①
- Chungmu Art Center ② ⑥
- Palazzo Gyeongbokgung ③
- Cheongwadae ③
- Museo Folcloristico Nazionale della Corea ③
- Palazzo Changdeokgung ③
- Palazzo Changgyeonggung ③
- Villaggio Hanok di Bukchon ③
- La Strada dei Cafè di Samcheongdong ③
- Insadong Ssamzi Gil
  (Quartiere Commerciale Artigianale) ③
- Parco Marronnier ④
- Piazza Gwanghwamun ⑤
- Mugyodong Nakji (Polpo) ⑤
- Museo di Storia di Seul ⑤
- Centre Sejong des arts
  du spectacle ⑤

❷ Jung-gu

- Chiesa di Jeong Dong Jeil ① ②
- Teatro Nazionale Chongdong ① ②
- Seul Plaza ① ②
- Palazzo Deoksugung ① ②
- Ex Legazione Russa ① ②
- Museo Nazionale di Arte Moderna e
  Contemporanea ① ②
- Altare di Hwangudan ① ②
- Chiesa Presbiteriana di Youngnak ② ③
- Dongdaemun Digital Plaza (DDP) ②
- Dongdaemun Fashion Town ②
- Mercato dell'Usato di Hwanghakdong ② ⑥
- Sindangdong Tteokbokki Town ② ⑥
- Villaggio Hanok di Namsangol ③ ④
- Vicolo Jokbal (Zampone di Maiale al
  Vapore) ③
- Myeongdong ④
- Cattedrale Cattolica di Myeongdong
- Biglietteria della Funivia della Torre di Seul
  di Namsan ④
- Mercato di Namdaemun ④
- Porta di Namdaemun ④

❸ Dongdaemun-gu

- Mercato delle Erbe Medicinali di Gyeongdong ①
- Mercato Popolare dell'Usato di Seul ① ②
- Via dell'Arte Antica di Dapsimni ⑤
- Tombe Reali di Yeonghwiwon e Sunginwon ⑥
- Sala del Memoriale del Re Sejong il Grande ⑥

❹ Dongjak-gu

- Mercato Ittico di Noryangjin ① ⑨
- Le Tombe dei Sei Martiri di Sayuksinmyo ① ⑨
- Parco Boramae ②
- Cimitero Nazionale ④ ⑨

❺ Seodaemun-gu

- Prigione di Seodaemun ③
- Porta di Dongnimmun ③

❻ Yeongdeungpo-gu

- Times Square ①
- IFC Mall ⑤ ⑨
- Parco Yeouido ⑤ ⑨
- 63 Square ⑤
- Parco Seonyudo ⑨
- Edificio dell'Assemblea Nazionale ⑨
- Parco Ecologico di Yeouido Saetgang ⑨

❼ Gangnam-gu

- Tombe Reali di Seonjeongneung ②
- K-Star Road ③
- Strada Apgujeong Rodeo ③
- Sinsadong Garosu-gil (Strada) ③
- Tempio di Bongeunsa ⑨
- COEX ⑨

❽ Seocho-gu

- Villaggio Seorae e Parco Montmartre ②
- GOTO Mall (Complesso Commerciale
  Sotterraneo del Terminal di Gangnam) ③ ⑦ ⑧
- Sevit Seom (Isola Galleggiante) ③ ⑦ ⑨
- Central City ② ⑦ ⑨

❾ Songpa-gu

- Lotte World ② ⑧
- Monumento di Pietra di Samjeondobi ② ⑧
- Parco Olimpico ⑧
- Parco del Lago Seokchon ⑧ ⑨
- Museo Baekje di Seul (Hanseong) ⑨

❿ Mapo-gu

- Cimitero dei Missionari Stranieri
  di Yanghwajin ② ⑥
- Sanctuaire des martyrs de Jeoldusan ② ⑥
- Mecenatpolis Mall ② ⑥
- Seul World Cup Stadium ⑥
- Parco World Cup ⑥

⓫ Yongsan-gu

- Monumento ai Caduti ④ ⑥
- Amore Pacific Museum of Art ④
- Il Museo Nazionale della Corea ④
- Strada Gyeongridan-gil ⑥
- Zona Turistica Speciale di Itaewon ⑥
- Giardino Botanico di Namsan ⑥

⓬ Gwanak-gu

- Sillim-dong Sundae Town ②

⓭ Gwangjin-gu

- Common Ground ② ⑦

⓮ Seongdong-gu

- Foresta di Seul ②
- Vicolo della Carne
  di Majangdong ⑤

⓯ Jungnang-gu

- Monte Yongmasan ⑦

⓰ Geumcheon-gu

- Gasan Digital Complex
  Outlet Town ⑦

⓱ Gangdong-gu

- Sito dell'Insediamento
  Preistorico di Amsa-
  dong ⑧

⓲ Gangseo-gu

- Scuola Confuciana
  Yangcheon Hyanggyo ⑨

⓳ Incheon

- Wolmi Theme Park ①
- Incheon Chinatown ①

⓴ Gyeonggi-do

- KINTEX ③
- Parco del Lago Ilsan ③
- Grande Parco di Seul ④

COME USARE QUESTO LIBRO

Non andare in Corea senza questo libro!

Sia che tu sia innamorato del K-pop, dei film e dei telefilm o del cibo coreano, congratulazioni per aver scelto Seul come tua prossima destinazione, dove potrai ammirare una tra le migliori metropolitane del mondo, apprezzata dalla CNN e da Jalopnik.

Perché viaggiare con la metropolitana coreana? La risposta più ovvia è che è il modo più efficiente ed economico per visitare le principali attrazioni di Seul. È sicura, puntuale e ben servita per raggiungere ogni angolo della città. Puoi andare ovunque desideri, semplicemente prendendo la metropolitana, e avrai l'opportunità di conoscere la gente del posto e di immergerti nella loro cultura!

È proprio per questo motivo che abbiamo creato questa guida di viaggio unica nel suo genere: puoi visitare oltre 100 delle principali attrazioni di Seul semplicemente prendendo la metropolitana!

Questi indicatori segnalano dove si trovano i servizi igienici pubblici e le cassette di sicurezza all'interno della stazione!

Trova la tua posizione grazie ai numeri delle stazioni!

I nomi delle stazioni sono riportati in lingua inglese, coreana e cinese!

Molte stazioni sono collegate ad altre linee, il che significa transfer gratuiti*.

Puoi conoscere la distanza che stai percorrendo e la distanza che hai percorso finora.

👫	🔒	#	ING	COR	CIN	TRANSF.	DIST. (km)	DIST. ACCUM.(km)
●	●	201	City Hall	시청	市厅	1		
	●	202	Euljiro 1(il)-ga	을지로입구	乙支路入口		0.7	0.7
●	●	203	Euljiro 3(sam)-ga	을지로3가	乙支路三街	3	0.8	1.5
	●	204	Euljiro 4(sa)-ga	을지로4가	乙支路四街	5	0.6	2.1
●	●	205	Dongdaemun History & Culture Park	동대문역사문화공원	东大门历史文化公园	4 5	1	3.1
	●	206	Sindang	신당	新堂	6	0.9	4
	●	207	Sangwangsimni	상왕십리	上往十里		0.9	4.9
●	●	208	Wangsimni	왕십리	往十里	5	0.8	5.7

A proposito dei numeri delle stazioni: usa il numero solo per individuare la tua posizione, perché un numero inferiore o superiore a un altro (ad esempio, 302 e 803) non significa necessariamente che uno sia più a ovest o più a est. Ogni linea parte da un punto diverso e ha percorsi diversi. Non dare per scontato di dover viaggiare in ordine crescente o decrescente rispetto ai numeri delle stazioni e verifica sulla mappa la posizione di ogni stazione prima di iniziare il viaggio.

*Scopri di più sui transfer gratuiti a pagina 83

Questo indica che le linee #1 (128) e #4 (421) sono collegate a questa stazione e che è possibile accedervi da entrambe.

Indica che solo la linea #1 (129) passa da qui.

(128)=(421) DONGDAEMUN 동대문

(129) JONGNO-5(O)-GA 종로5가

Nome e indirizzo, in inglese e coreano.

Dongdaemun/Heunginjimun
동대문/흥인지문

Jongno-gu Jong-ro 288
서울 종로구 종로 288

Dongdaemun (che significa "porta orientale" e il suo nome ufficiale è Porta di Heunginjimun) è la porta orientale dell'allora capitale di Seul, costruita nel 1398. L'attuale porta fu ricostruita nel 1869. A quei tempi, nella fortezza di Seul furono costruite quattro porte e quattro voci. La Porta di Heunginjimun è la porta più grande, insieme alla Porta di Sungnyemun, di Seul. Presenta una guardiola dove alloggiavano le guardie e, in caso di emergenza, fungeva anche da posto di comando per le forze armate. All'esterno della guardiola, i muri in mattoni e le finestre in legno aiutavano a contrastare il nemico. La guardiola della Porta di Heunginjimun rispecchia le caratteristiche degli edifici del XIX secolo, caratterizzati da una struttura semplice ma ricca di decorazioni. Inoltre, una fortezza a forma di mezzaluna è stata posizionata di fronte per contrastare i nemici. Le luci sono accese di notte e offrono una vista diversa rispetto al giorno.

Cheonggyecheon
청계천

Jongno-gu Changsin-dong
서울 종로구 창신동

Prima del progetto di restauro intrapreso nel 2005, era solo un corso d'acqua abbandonato. Oggi è un luogo di svago pubblico lungo 10,9 km (7,0 miglia) situato nel cuore di Seul, che sfoggia la sua bellezza naturale nel bel mezzo della frenetica vita cittadina. Dei 20 ponti presenti, Narae e Gwanggyo simboleggiano l'armonia tra passato e futuro. Passa vicino al Palazzo Deoksugung, alla via Insa-dong, al Palazzo Changdeokgung e al Palazzo Changgyeonggung. È un posto bellissimo per fare una piacevole passeggiata, una divertente gita in famiglia o una serata romantica. Tanti cespugli e verde.

Mercato di Gwangjang
광장시장

Jongno-gu Changgyeonggung-ro 88
서울 종로구 창경궁로 88

È uno dei mercati tradizionali più animati di Seul ed è facilmente raggiungibile dai viaggiatori perché si trova nel centro della città. Il mercato tradizionale, che vanta una lunga storia, nacque all'inizio del XX secolo e offre vari articoli come abbigliamento e cibo. Il mercato alimentare è particolarmente famoso. Oltre al gimbap, si possono gustare pancake di vario tipo, tteokbokki e tortini di pesce preparati sul posto a prezzi contenuti. Se sei interessato all'abbigliamento, è divertente anche fermarsi al negozio di hanbok, dove potrai ammirare coloratissimi abiti tradizionali e un negozio di abiti vintage al secondo piano.

Descrizioni dettagliate del luogo e consigli di viaggio!

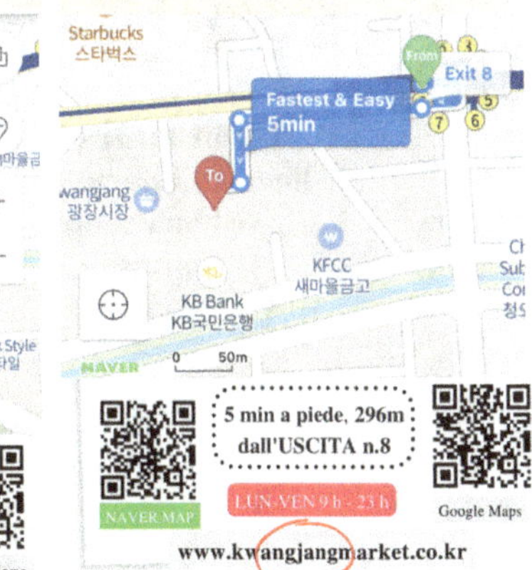

1 Informati sul luogo, su come raggiungerlo, su quanto tempo occorre e sugli orari di apertura.

3 Consulta il sito web ufficiale per ulteriori dettagli. Per l'eBook, puoi semplicemente cliccare sul link!

2 Scansiona libro cartaceo con il tuo smartphone il codice QR e si aprirà NAVER MAP o GOOGLE MAPS, con la località preimpostata come destinazione. Ti basterà seguire le indicazioni!

Informazioni sulla Metro di Seul

La metropolitana multioperatore più lunga del mondo per estensione.

Valutata come una delle migliori metropolitane del mondo da CNN e Jalopnik.

Le reti 4G LTE, WiFi, DMB e WiBro sono accessibili in tutte le stazioni e in tutti i treni.

Tutte le stazioni sono dotate di porte schermate sui marciapiedi, che aggiungono un ulteriore livello di sicurezza per i passeggeri.

Tutte le linee sono provviste del sistema di pagamento smart T-money, che combina la tecnologia RFID e NFC per un pagamento automatico comodo e veloce.

I transfer tra le linee all'interno del sistema sono gratuiti.

Schermi LCD a colori che riportano l'orario di arrivo dei treni in tempo reale.

Tutte le fermate sono annunciate in coreano e in inglese, e alcune fermate importanti sono anche in giapponese e cinese mandarino.

Le fermate vengono annunciate con la musica tradizionale coreana chiamata gugak.

* Il viaggio complessivo deve essere inferiore a 10 km e deve essere saldato con una carta T-Money.
* Si possono effettuare fino a un massimo di 4 transfer.
 * I transfer devono essere effettuati entro 30 minuti dall'utilizzo della carta T-Money (il tempo è esteso a 1 ora dalle 21:00 alle 7:00).

METROPOLITANA DI SEUL

Informazioni, Regole di Comportamento e Suggerimenti

COME RICONOSCERE LE STAZIONI DELLA METROPOLITANA

- Scale coperte sui marciapiedi delle strade.
- Le stazioni sono chiamate con il nome del quartiere (ad esempio, Gangnam, Myeongdong) o di punti di interesse vicini (ad esempio, Seul Plaza).

Ogni stazione della metropolitana ha più uscite che sono contrassegnate da numeri.

Se devi incontrarti con qualcuno, questi numeri delle uscite sono un modo pratico per decidere dove incontrarsi.

Alcuni posti sono riservati agli anziani, alle donne in gravidanza e alle persone con disabilità.

Per tutti gli altri posti, anche se non è obbligatorio per legge, è buona norma offrire il proprio posto a chi potrebbe averne più bisogno (ad esempio, anziani, persone con carichi pesanti).

Evita di parlare o ascoltare musica ad alto volume sul treno.

Anche se non è illegale, il cibo deve essere consumato fuori dal treno.

BICICLETTE

Pieghevole

Regolare

LINEA 1-8
Pieghevole : Sempre
Regolare: Weekend / Vacanze

LINEA 9
Pieghevole: En permanence
Regolare: Mai

*Consentito sulla linea 7 nei giorni feriali dalle 10.00 alle 16.00.

ORARIO DI PUNTA
6:00 - 9:00 / 16:30 - 19:00

Le stazioni con più piattaforme di transfer sono le più trafficate, come ad esempio il EXPRESS BUS TERMINAL / GANGNAM / SEOUL STATION.

ORARI DI SERVIZIO
5:30 - 1:00 / mezzanotte (SABATO/DOMENICA)

Alcune linee chiudono prima. Controlla gli orari di ogni linea prima di organizzarti.

Carta Single Journey (Corsa Singola)

- Corsa di sola andata (non ricaricabile).
- È possibile acquistare solo 1 carta alla volta.
- È previsto un deposito di 500 KRW, rimborsabile dopo l'utilizzo.
- Il servizio di transfer gratuito non è disponibile in alcune stazioni.
  (Stazione di Seul Linea 1, 4 <---> Linea Gyeongui-Jungang)

Può essere acquistato presso un chiosco in qualsiasi stazione della metropolitana.
> Ideale se si deve fare un solo viaggio o una sola corsa.

Come Acquistare una Carta Single Journey (Corsa Singola)

Trova un "Ticket Vending and Card Reload Device" in una stazione.

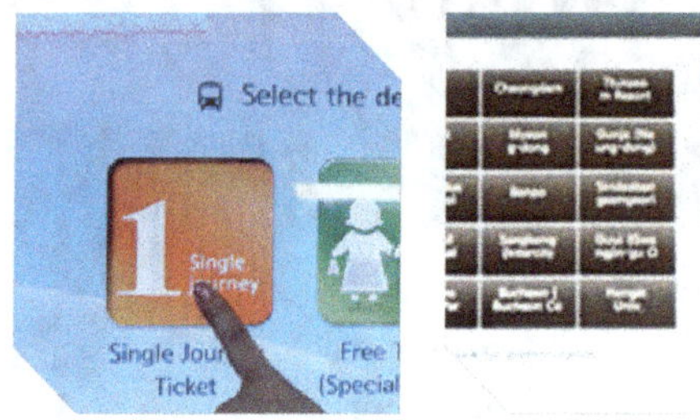

Scegli la lingua e seleziona "Single Journey".

Scegli la tua destinazione

Inserisci il numero di biglietti necessari e inserisci il denaro.

Prendi la carta dal distributore automatico.

Per le carte di corsa singola, è possibile ottenere il rimborso del deposito una volta terminato il transito di sola andata.

Basta trovare un "Deposit Refund Device" situato all'interno della stazione e seguire le istruzioni per ricevere i 500 KRW.

Rimborso del Deposito

Carta T-Money

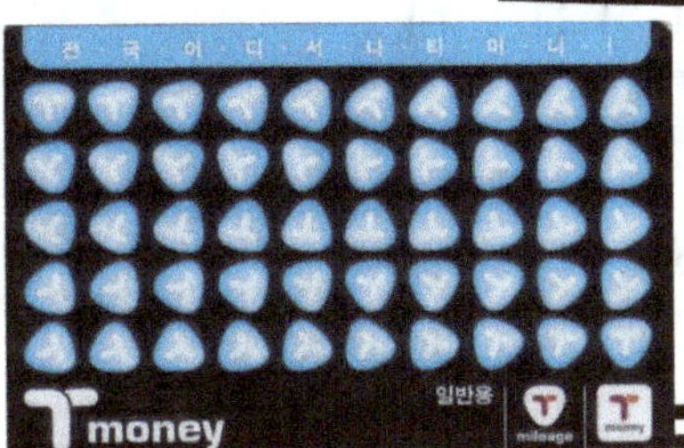

- Utilizzabile più volte (ricaricabile).
- Transfer gratuiti (4 volte al massimo, se inferiori a 10 km, entro 30 minuti, fino a 1 ora tra le 21:00 e le 7:00).
- Gli sconti vengono applicati anche in combinazione con le corse in autobus (ad eccezione di quelle che percorrono lo stesso percorso).
- Il saldo rimanente è rimborsabile.

Deve essere acquistata (la carta più economica costa 3.000 KRW) presso un punto vendita con il logo T-Money, un distributore automatico (linea 1-4) o presso il centro informazioni della stazione (linea 5-8).

>Ideale se intendi fare molti viaggi in metropolitana.

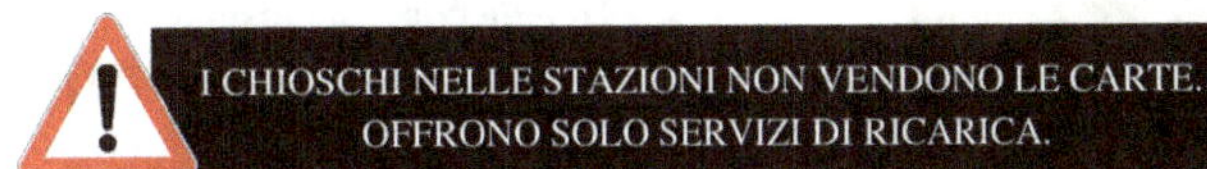

Puoi caricare denaro in uno dei punti elencati sopra o presso un chiosco all'interno di una stazione.

Caricare/Ricaricare la Carta

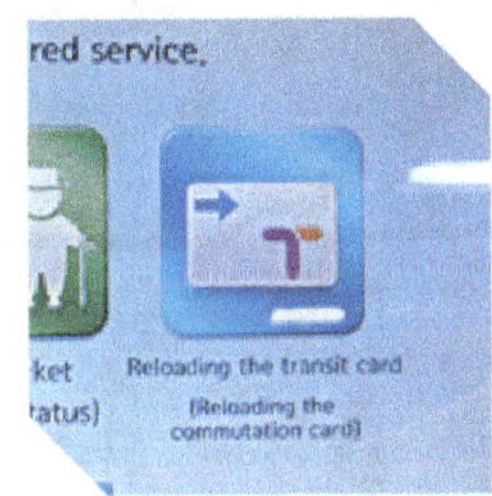

Seleziona l'opzione T-Money (quella più a destra).

Inserisci la tua carta T-Money nell'apposita fessura.

Scegli l'importo che desideri caricare.

Come Ottenere Un Rimborso

	Negozi convenzionati elencati sopra	Negozi convenzionati elencati sopra / Centro di rimborso T-money situato sulle linee 1~9 della metropolitana	Negozi convenzionati elencati sopra / Centro di rimborso T-money situato sulle linee 1~9 della metropolitana / Bancomat presso una banca (Shinhan, Hana, Woori, Jeju, Nonghyup, Shinhyup e Ufficio Postale).
Se rimangono meno di 20.000 KRW	✓	✓	✓
Se rimangono più di 20.000 KRW ma meno di 50.000 KRW		✓	✓
Se rimangono più di 50.000 KRW			✓

M-Pass (Solo per Stranieri)

- Offre un massimo di 20 corse al giorno
- Disponibile in 1/2/3/5/7 pass giornalieri
- Scade alla mezzanotte dell'ultimo giorno.
- Può essere utilizzata anche come carta T-Money dopo avervi caricato del denaro.
- Deposito di 4.500 KRW (rimborsabile) e 500 KRW (non rimborsabile) per il servizio.

> Ideale se il tuo viaggio prevede un massimo di un transfer perché non ci sono sconti sui transfer.

>Offre un risparmio considerevole sui viaggi di una sola linea.

>Tutte le corse acquistate devono essere utilizzate prima della scadenza.

PUÒ ESSERE ACQUISTATA SOLO PRESSO I PUNTI VENDITA SELEZIONATI.

Aeroporto di Incheon Terminal 1
@ Sportello informazioni

Porta n. 5/10
Arrivo al 1° piano
07:00-22:00

**Stazione di Seul
(T-money Town)**

Seul City Tower 1° piano.
@ Uscita 10 della stazione di Seul
09:00~18:00 (Chiuso nei weekend e nei giorni festivi)

Myeongdong

Centro Informazioni Turistiche
Myeongdong @ Uscita 5 della
Stazione Euljiro 09:00~20:00

Utilizzare la Carta

Ad ogni tornello di sicurezza c'è un lettore di carte.

1. Inserisci la tua carta (Corsa Singola, T-Money, M-Pass).
2. Sentirai un segnale acustico e il lettore indicherà l'importo detratto e il saldo rimanente.
3. Attraversa il gate e goditi il viaggio!

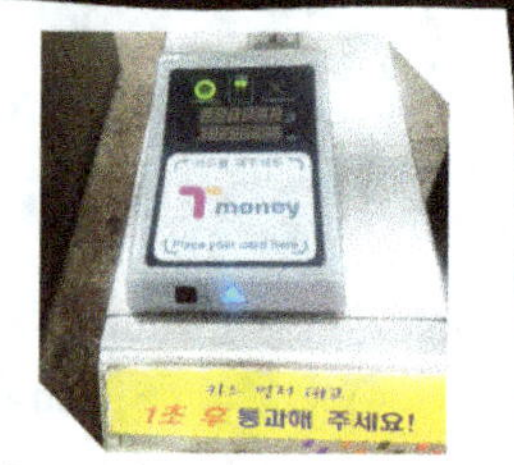

Tariffe della Metropolitana

(Per conoscere le tariffe aggiornate, visita il sito t-money.co.kr)

	Single Journey	Carta T-Money	M-Pass (Solo Stranieri)
Adulti	100 KRW aggiunti alla Tariffa T-Money	Fino a 10km: 1,050 KRW 10~40km: 100 KRW aggiuntivi ogni 5km Over 40km: 100 KRW aggiuntivi ogni 10km	Giorno / Prezzo / Scontato dopo le 17:00 Pass di 1 giorno / 15.000 / 0 KRW Pass di 2 giorni / 23.000 / 20.000 KRW Pass di 3 giorni / 30,500 / 27,500 KRW Pass di 5 giorni / 47,500 / 44,500 KRW Pass di 7 giorni / 64,500 / 61,500 KRW
Ragazzi (13-18)	Nessuno sconto (tariffa corsa singola)	Costo minimo: 720 KRW	
Bambini (6-12)	Costo minimo: 500 KRW	Costo minimo: 450 KRW	

APP INDISPENSABILI PER VISITARE LA COREA

SUBWAY KOREA

Offre la mappa più recente della metropolitana di Seul e tutte le mappe della metropolitana forniscono informazioni in tempo reale su spostamenti, orari e transfer, oltre a un calcolatore del percorso ottimale.

KOREA SUBWAY INFO : METROID

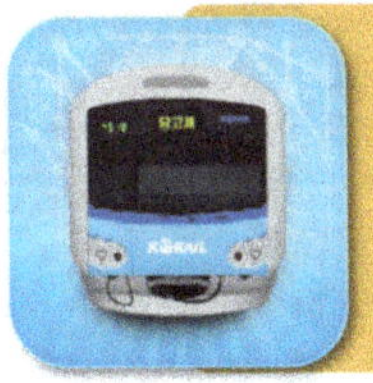

Offre informazioni essenziali come orari, calcolatore del percorso ottimale e informazioni sulle stazioni.

NAVER MAP

Dalle indicazioni stradali dettagliate agli orari dei treni, fino ai bagni nelle vicinanze, questa app offre tutto ciò che serve per spostarsi in Corea.

GOOGLE MAPS

Questa app di mobilità globale offre funzioni simili a NAVER MAP, ma al momento non contiene indicazioni "a piedi" in Corea (ciò potrebbe cambiare in futuro). Tuttavia, offre indicazioni sulla metropolitana e un elenco di luoghi vicini nelle lingue non supportate da NAVER MAP. Ti suggeriamo di utilizzarlo non come alternativa ma come supplemento a NAVER MAP.

PAPAGO

Questa app basata sull'IA artificiale offre traduzioni eccellenti, soprattutto in Corea, una caratteristica imprescindibile per chi viaggia in Corea.

1330 Travel Hot Line

+82-2-1330 (coreano, inglese, giapponese, cinese)

* In Corea, componi il numero **02-1330**. - Gli operatori sono a tua disposizione per rispondere alle tue domande!

COME USARE LE APP

NAVER MAP – Cambiare la Lingua

1

Apri l'app e trova l'icona delle impostazioni nell'angolo in alto a sinistra.

2

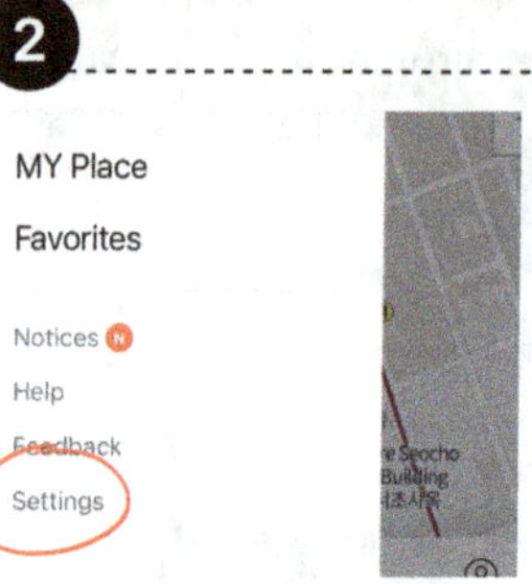

Vai su "settings" in fondo al menu.

3

Seleziona Lingua.

4

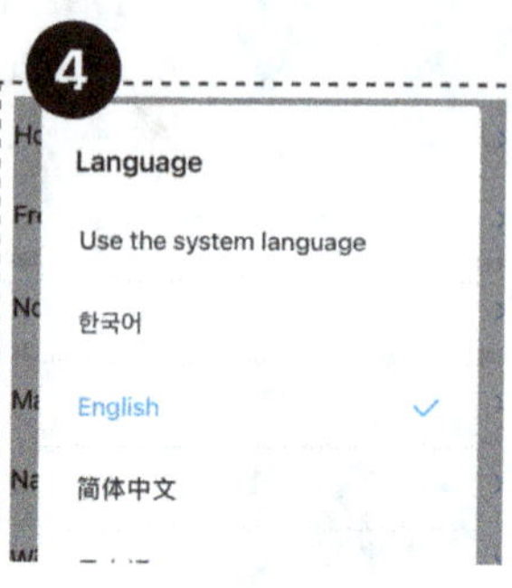

Scegli tra le opzioni disponibili.

Trova le Indicazioni Usando i QR Code

1

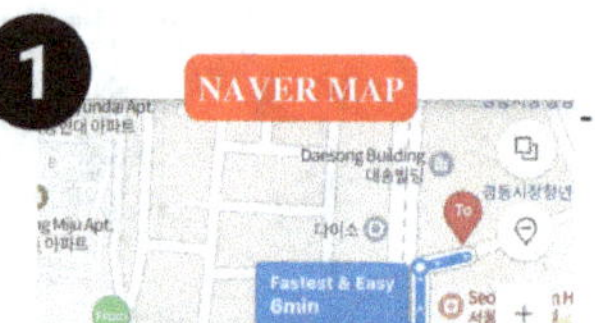

In fondo a ogni sezione, trova il QR code con la scritta "NAVER MAP".

2

Con l'eBook, tocca il codice QR. Con il libro cartaceo, scansiona il QR code con il tuo smartphone.

3

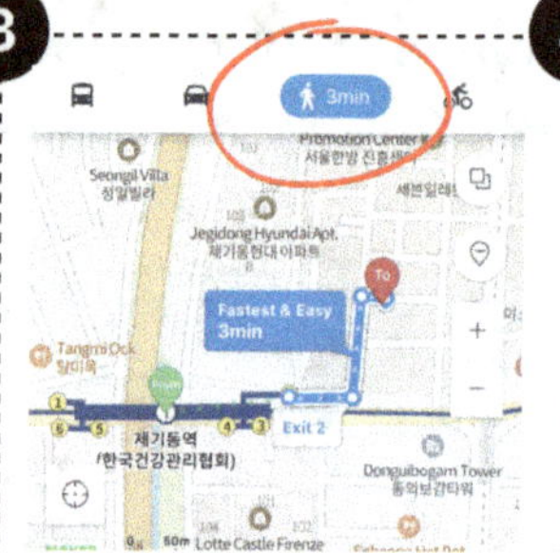

Si aprirà NAVER MAP, con la località preimpostata come destinazione.

4

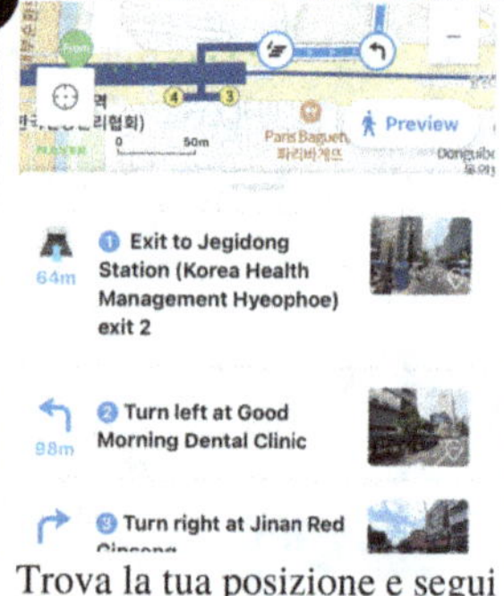

Trova la tua posizione e segui le indicazioni.

OR

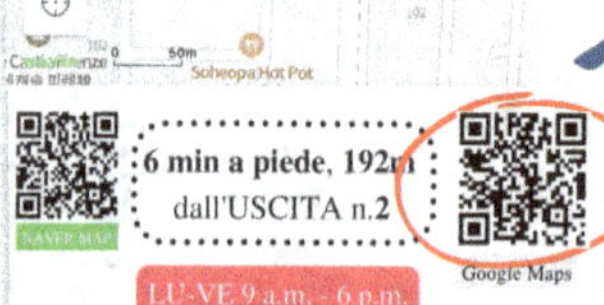

In fondo a ogni sezione, trova il QR code con la scritta "GOOGLE MAPS".

Attualmente, le indicazioni "a piedi" NON vengono fornite da GOOGLE MAPS in Corea.

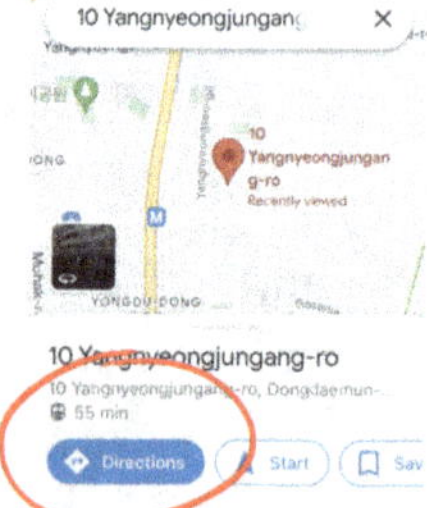

Si aprirà GOOGLE MAPS con la posizione preimpostata come destinazione. Scegli l'opzione "directions".

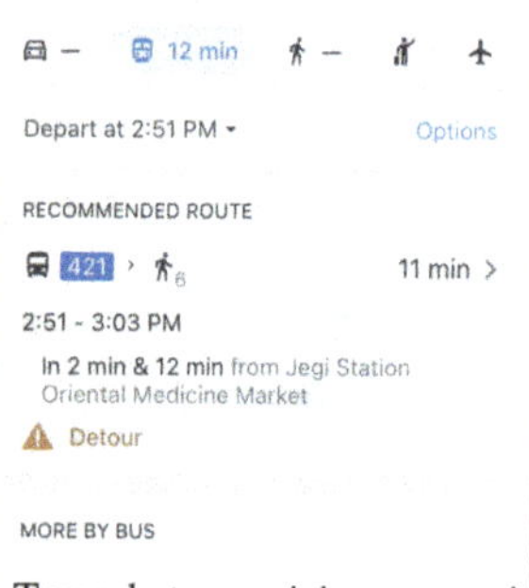

Trova la tua posizione e segui le indicazioni della metropolitana.

Trovare le Indicazioni - Manualmente

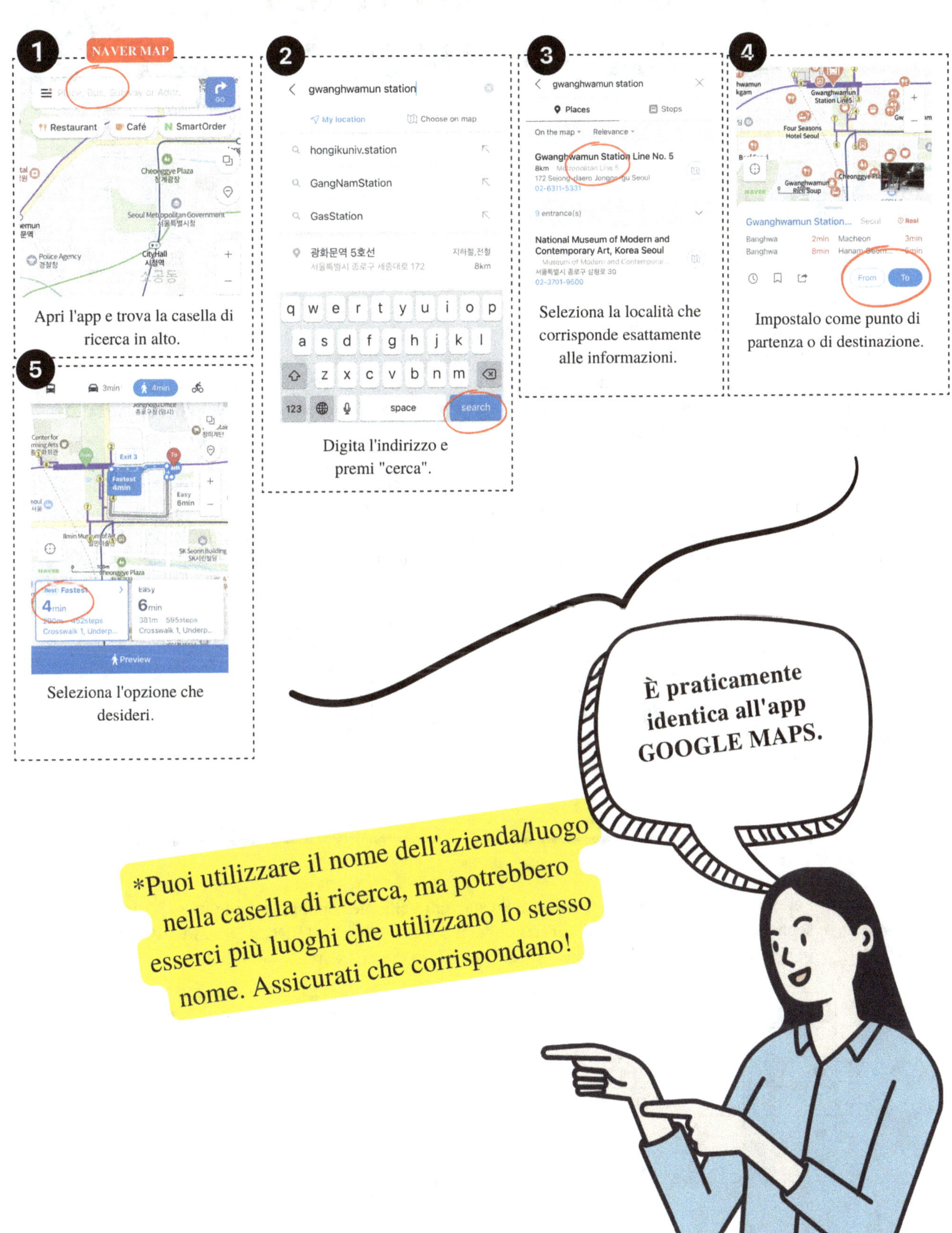

1 Apri l'app e trova la casella di ricerca in alto.

2 Digita l'indirizzo e premi "cerca".

3 Seleziona la località che corrisponde esattamente alle informazioni.

4 Impostalo come punto di partenza o di destinazione.

5 Seleziona l'opzione che desideri.

*Puoi utilizzare il nome dell'azienda/luogo nella casella di ricerca, ma potrebbero esserci più luoghi che utilizzano lo stesso nome. Assicurati che corrispondano!

COME TROVARE I BAGNI PUBBLICI

Quando sei già in treno…

Ogni stazione della metropolitana di Seul dispone di un bagno pubblico, aperto a tutti e completamente gratuito, quindi puoi recarti alla stazione della metropolitana più vicina a te, ma c'è un problema: il bagno può essere situato all'interno o all'esterno del cancello dei biglietti, il che significa che se sei già in treno è meglio trovarne uno all'interno del cancello dei biglietti perché non devi uscire dal circuito per andare al bagno e pagare di nuovo per rientrare.

Tuttavia, anziché uscire dal circuito, puoi semplicemente recarti alla biglietteria (tornello) e chiedere al personale di turno di aprire il cancello laterale per accedere alla toilette. Quando torni, chiedi al personale di farti rientrare. Oppure, se non c'è nessuno in servizio, dovrebbe esserci un pulsante per il citofono. Premi il pulsante e chiedi la stessa cosa e non avrai problemi a entrare e uscire senza dover lasciare il circuito.

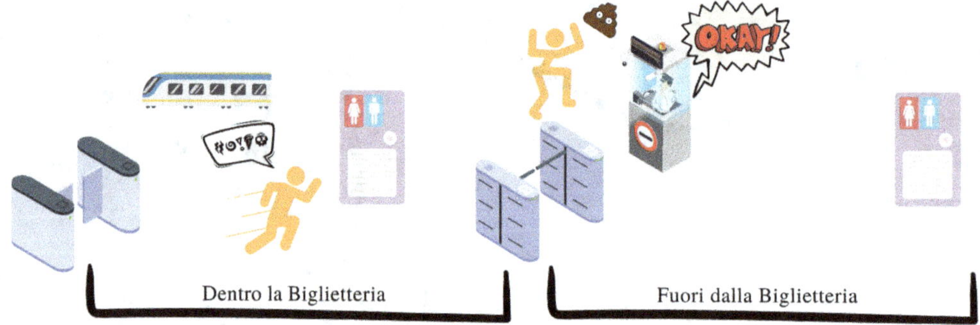

Per comodità, nella sezione Elenco delle stazioni della metropolitana a pagina 123, abbiamo segnalato tutte le stazioni con servizi igienici pubblici ALL'INTERNO DELLA BIGLIETTERIA, in modo che tu possa accedervi velocemente senza dover uscire dalla biglietteria e rientrare!

Dentro la Biglietteria

🚻	🔒	#	ING	COR	CIN	TRANSF.	DIST. (km)	DIST. ACCUM.(km)
		131	Jonggak	종각	钟阁		0.8	48.6
●		132	City Hall	시청	市厅	2	1	49.6
		133	Seoul Station	서울역	首尔(站)	4	1.1	50.7
●		134	Namyeong	남영	南营		1.7	52.4
●		135	Yongsan	용산	龙山		1.5	53.9

1

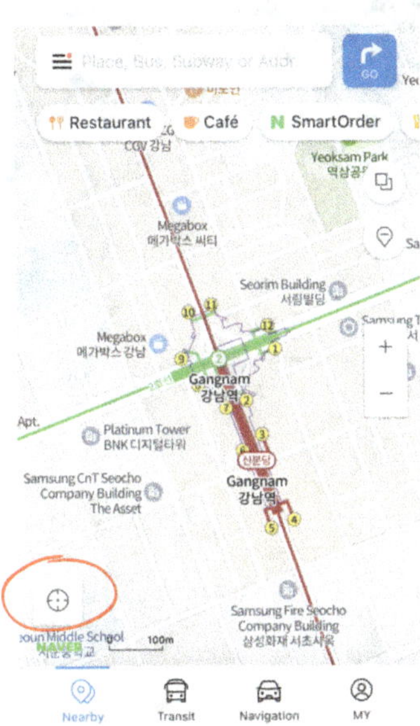

Apri Naver Map e tocca l'icona della posizione per trovare la tua posizione attuale.

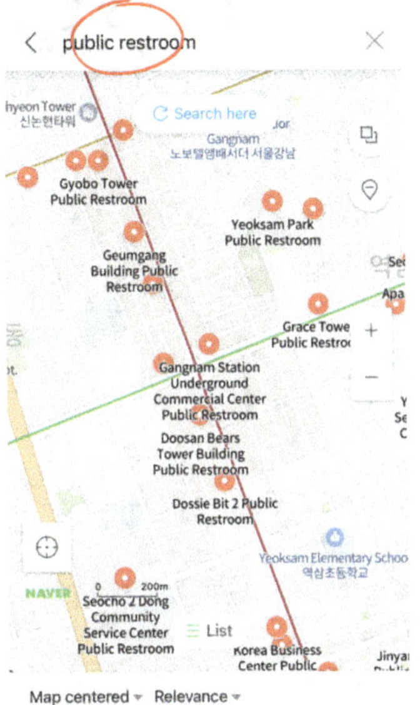

Digita "public restroom" o "화장실" nella barra di ricerca.

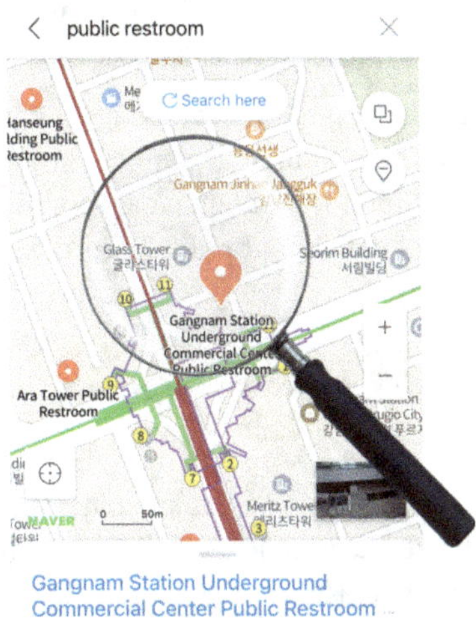

Ingrandisci per trovare quello più vicino a te.

2

Caffetterie e Ristoranti Fast Food

Alcuni sono riservati agli ospiti

3

Stazioni di Rifornimento

Sono obbligati ad avere un bagno pubblico

4

Centri Commerciali

5

Uffici Pubblici e Università

Municipi, Uffici Distrettuali ecc.

Cassette di Sicurezza Pubbliche delle Stazioni della Metro

Cosa sono?

Una delle seccature di chi viaggia è quella di doversi portare dietro tantissimi bagagli! Per chi viaggia in metropolitana come te, poi, il problema è ancora più sentito. Per fortuna, le stazioni della metropolitana coreana offrono un servizio di deposito.

Informazioni Importanti

- Non è possibile pagare in contanti – Solo tramite Carta / T-Money!
- Alcune stazioni non offrono il servizio. Consulta l'elenco.
- Il limite massimo è di cinque giorni. Tutti gli articoli lasciati per più di cinque giorni verranno spostati in un altro luogo. Se ti servono più di cinque giorni, chiama per tempo il servizio clienti al numero 1877-1265.
- Orari: 7.00-1.00 (giorno successivo) / 7.00 - MEZZANOTTE (domenica/festivi)

Oggetti Vietati

Cibo

Oggetti di Valor

Animali / Piante / Armi / Droghe

Consulta l'elenco.

👫	🔒	#	ANG	COR	CIN
	●	810	Amsa	암사	岩寺
		811	Cheonho(Pungnaptoseong)	천호(풍납토성)	千户(风纳土城)
	●	812	Gangdong-gu Office	강동구청	江东区厅

Tariffe

Misure (cm) (L x D x A)	4 Ore	4 Ore - 12 Ore	12+ Ore	1 Giorno	Lungo termine (1 Mese)
S (500 x 300 x 600)	2.000 KRW	500 KRW/Ora	Ogni 12 Ore, 2,000 KRW	8.000 KRW	50.000 KRW
M (500 x 450 x 650)	3.000 KRW	800 KRW/Ora	Ogni 12 Ore, 3,000 KRW	12,400 KRW	80.000 KRW
L (500 x 900 x 600)	4.000 KRW	1,000 KRW/Ora	Ogni 12 Ore, 4,000 KRW	16.000 KRW	100.000 KRW

CONOSCERE LA VALUTA COREANA

Banconote

La banconota più grande è di 50.000 오만원 (o-man-won), pari a circa 35 EUR,
seguita da 10 000 만원 (man-won), circa 7 EUR,
5.000 오천원 (o-cheon-won), circa 3,5 EUR,
e 1.000 천원 (cheon-won), circa 0,7 EUR.

Monete

La moneta più grande è quella da 500 오백원 (o-baek-won), circa 50 centesimi EUR,
seguita da 100 백원 (baek-won), circa 10 centesimi EUR,
50 오십원 (o-ship-won), circa 5 centesimi EUR,
e 10 십원 (ship-won), circa 0,7 centesimi EUR.
Esistono anche monete da 5 e 1 won, ma oggi non vengono quasi più utilizzate.

Le principali carte di credito (VISA/MC/AMEX) sono accettate quasi ovunque in Corea.

Posso Utilizzare Samsung Galaxy Pay / Apple Pay?

A partire dal 2022, Samsung Galaxy Pay è ampiamente accettato in Corea, ma Apple Pay non è ancora disponibile in Corea. Tuttavia, si vocifera che anche Apple Pay sarà disponibile nel prossimo futuro.

Usare i Bancomat in Corea

Puoi utilizzare la tua carta di debito rilasciata nel tuo paese per prelevare denaro da un bancomat in Corea. Cerca la scritta "Global ATM" sul bancomat. Oppure, usa i link qui sotto per cercarne uno più vicino a te. (Anche se è in coreano, è sufficiente digitare un indirizzo in inglese e troverai anche i dettagli dell'indirizzo in inglese).

www.mastercard.co.kr/ko-kr/personal/get-support/find-nearest-atm.html

www.visa.com/atmlocator/

www.unionpayintl.com/cardholderServ/serviceCenter/atm?language=en

MAPPA DELLA METRO DI SEUL

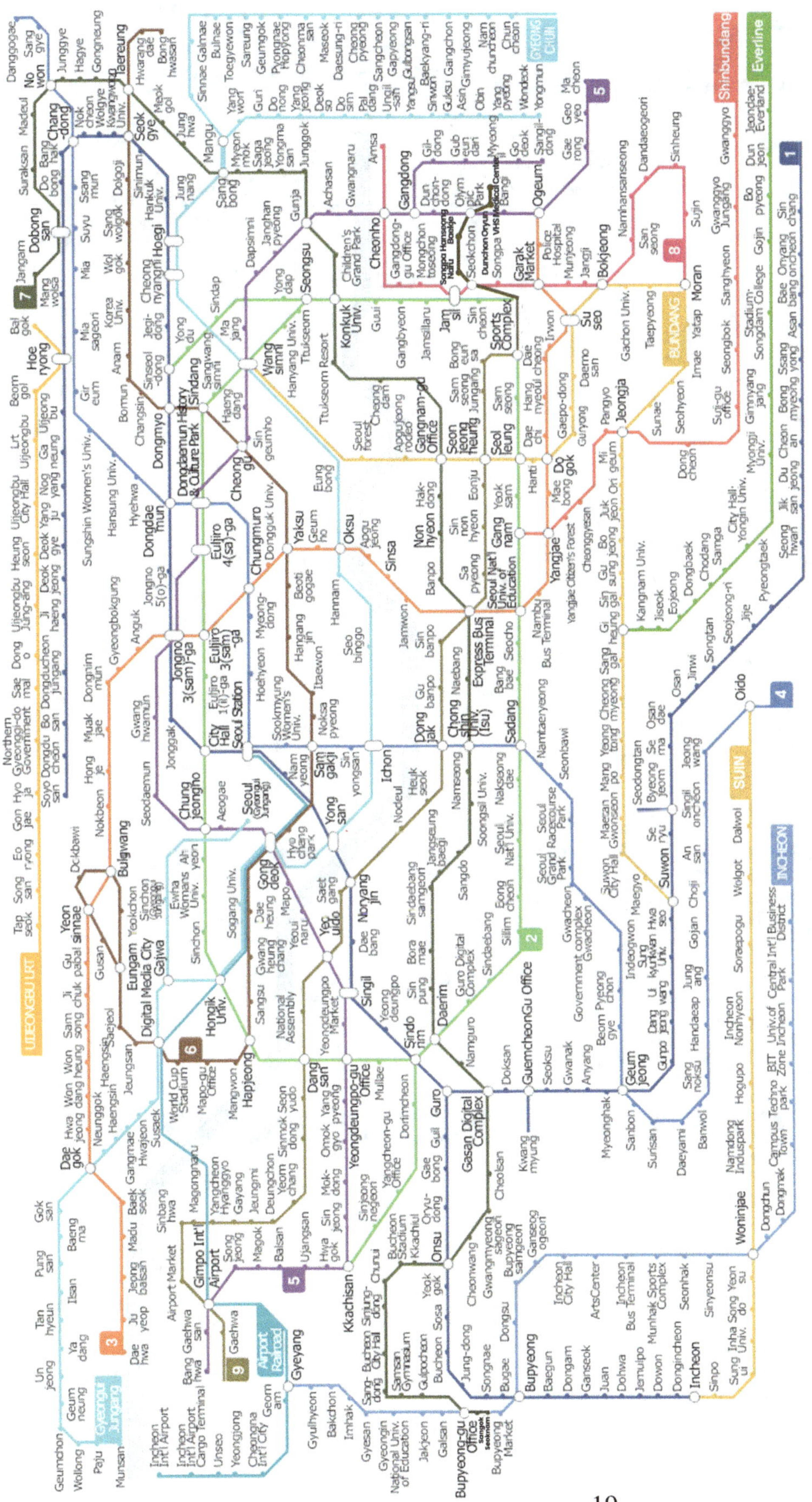

La mappa illustra anche le altre linee che arrivano e partono da Seul, come la Bundang, la Shinbundang, la Gyeongchun, la Everline e altre ancora. Per quanto riguarda questo libro, dovrai preoccuparti solo delle linee 1-9.

Questa è la mappa completa della metropolitana di Seul. Come puoi vedere, però, ci sono davvero troppi dettagli da mostrare in questa pagina!

Ti consigliamo di prendere questa pagina come riferimento veloce e di utilizzare le app che abbiamo proposto nelle sezioni precedenti per un'esperienza di viaggio ottimale!

LINEA #1 일호선 *il-ho-seon* 1

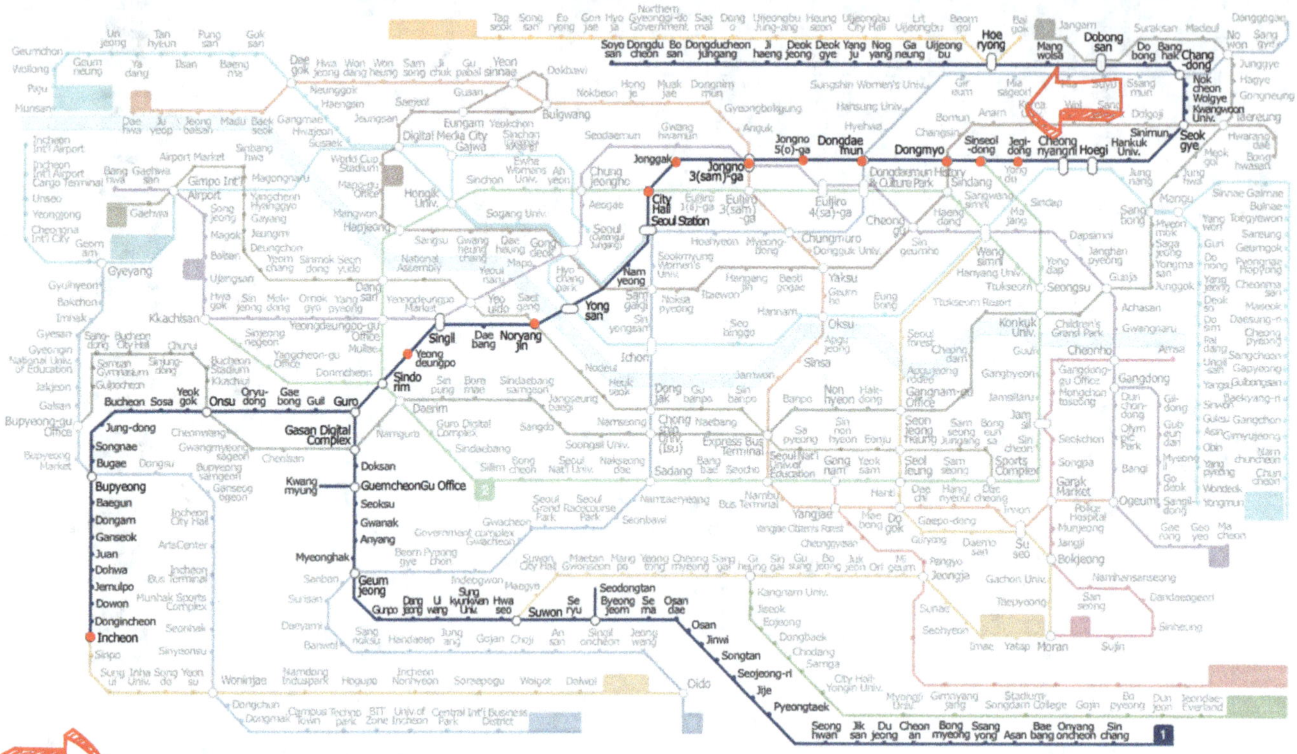

(125) JEGIDONG 제기동

- Mercato delle Erbe Medicinali di Gyeongdong 경동시장

(126)=(211-4) SINSEOLDONG 신설동

- Mercato Popolare dell'Usato di Seul 서울풍물시장

(127)=(637) DONGMYO 동묘앞역

- Mercato dell'Usato di Dongmyo 동묘 벼룩시장

(128)=(421) DONGDAEMUN 동대문

- Parco Heunginjimun 흥인지문 공원
- Dongdaemun/Heunginjimun동대문/흥인지문
- Cheonggyecheon 청계천

(129) JONGNO-5(O)-GA 종로5가

- Mercato di Gwangjang 광장시장

(130)=(329)=(534) JONGNO 3(SAM)-GA 종로 3가

- Parco Tapgol 탑골공원
- Santuario Reale di Jongmyo 종묘
- Galleria di Strumenti Nagwon 낙원악기상가

(131) JONGGAK 종각

- Tempio di Jogyesa 조계사
- Campanile di Bosingak 보신각

(132)=(201) CITY HALL 시청

- Chiesa di Jeong Dong Jeil 정동제일교회
- Teatro Nazionale Chongdong 정동극장
- Seul Plaza 서울광장
- Palazzo Deoksugung 덕수궁
- Ex Legazione Russa 구 러시아 공사관
- Museo Nazionale di Arte Moderna e Contemporanea 국립현대미술관
- Altare di Hwangudan 환구단

(136)=(917) NORYANGJIN 노량진

- Mercato Ittico di Noryangjin 노량진 수산시장
- Le Tombe dei Sei Martiri di Sayuksinmyo 사육신묘

(139) YEONGDEUNGPO 영등포

- Times Square 타임스퀘어

(161) INCHEON 인천

- Wolmi Theme Park 월미 테마파크
- Incheon Chinatown 차이나타운

A proposito dei numeri delle stazioni: usa il numero solo per individuare la tua posizione, perché un numero inferiore o superiore a un altro (ad esempio, 302 e 803) non significa necessariamente che uno sia più a ovest o più a est. Ogni linea parte da un punto diverso e ha percorsi diversi. Non dare per scontato di dover viaggiare in ordine crescente o decrescente rispetto ai numeri delle stazioni e verifica sulla mappa la posizione di ogni stazione prima di iniziare il viaggio.

- **È la tratta più vecchia della metropolitana di Seul (inaugurata il 15 agosto 1974).**
- **Copre gran parte dell'area della capitale Seul. La linea si divide alla stazione di Guro: a ovest verso Incheon e a est verso Sinchang.**
- **Numero di stazioni: 98**
- **Termini : Soyosan / Incheon / Sinchang / Gwangmyeong / Seodongtan.**

Mercato delle Erbe Medicinali di Gyeongdong 경동시장

Dongdaemun-gu Yangnyeong jungang-ro 10
서울 동대문구 약령중앙로 10

Poco dopo la guerra di Corea, gli agricoltori di varie regioni della Corea del Sud si riunirono per vendere i loro prodotti, dando vita a questo mercato specializzato in ingredienti della medicina coreana, frutti di mare essiccati e verdure. Nel novembre 1982 è stato completato un nuovo edificio che ha consentito di inaugurare il più grande mercato del ginseng della Corea. È anche specializzato in medicina orientale. Oggi è molto conosciuto come attrazione turistica. Negli ultimi anni, il numero di clienti ha raggiunto quello del mercato della pesca di Noryangjin e sono stati aperti anche negozi di abbigliamento (al secondo piano del nuovo edificio) e di fiori (al terzo piano del nuovo edificio).

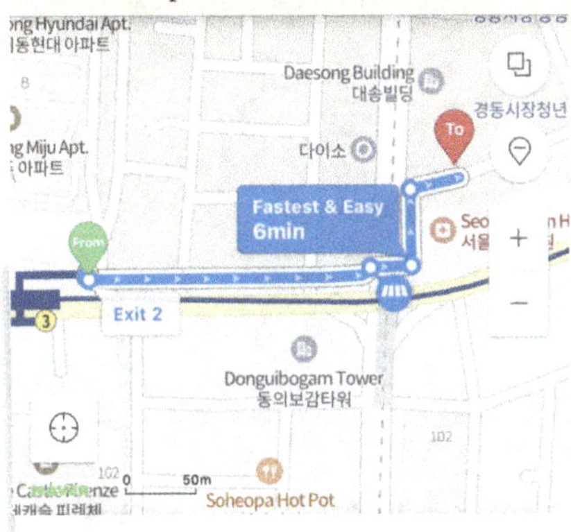

6 min a piede, 192m dall'USCITA n.2

LUN-VEN 9:00-18:00

Mercato Popolare dell'Usato di Seul 서울풍물시장

Dongdaemun-gu Cheonho-daero 4-gil 21
서울 동대문구 천호대로 4길 21

Il mercato Pungmul di Seul ha dovuto abbandonare la sua sede a seguito del progetto di ripristino del torrente Cheonggyecheon, per cui nel 2008 si è trasferito in un altro luogo. Il mercato vende articoli per la casa, souvenir turistici, prodotti locali e cibo tradizionale. L'edificio a due piani è ricchissimo di articoli e cibi che ti permettono di percepire la vita semplice della gente coreana di un tempo. Il mercato di Seul Pungmul è diviso in sette colori, che coprono i punti di ristoro, le specialità locali, i prodotti in rilievo, i mobili tradizionali, gli oggetti antichi, gli accessori di moda, l'abbigliamento, la calligrafia e la carta coreana. A differenza di Insa-dong, non sono presenti prodotti costosi ed è anche un punto di osservazione popolare per i turisti stranieri perché è vicino al torrente Cheonggyecheon.

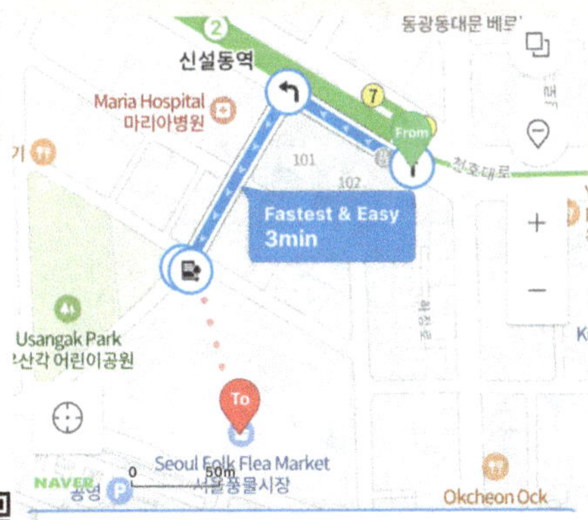

3 min a piede, 199m dall'USCITA n.9

TUTTI I GIORNI
DALLE 10:00 ALLE 19:00
MARTEDÌ CHIUSO

www.pungmul.or.kr

Mercato dell'Usato di Dongmyo 동묘 벼룩시장

Jongno-gu Sungin-dong 102-8
서울 종로구 숭인동 102-8

Il mercato delle pulci di Dongmyo è stato istituito alla fine degli anni '80 e le sue dimensioni hanno subito un forte ridimensionamento rispetto alla sua fama, ma è tuttora un'attrazione popolare in cui vengono raccolti oggetti rari di ogni tipo. C'è di tutto: dall'abbigliamento, alle scarpe, ai portafogli, agli orologi, all'elettronica, fino ai libri antichi e alle locandine dei film. L'articolo più popolare è l'abbigliamento usato. I commercianti sono soliti contrattare gli abiti raccolti nelle scatole per il riciclaggio nei complessi residenziali ogni anno e li acquistano per 250-300 won al chilo. La maggior parte dei vestiti costa 1.000 won, ma le pellicce e la pelle hanno un prezzo di 10.000 won e i beni di lusso di 100.000 won. Con il passaparola, le persone parsimoniose visitano le province e i gestori dei centri commerciali su internet fanno grandi acquisti. Il momento migliore per fare acquisti è il pomeriggio dei giorni festivi, quando più di 250 venditori ambulanti propongono la propria merce.

1 min a piede, 86m dall'USCITA n.3

LUN-VEN 14:00 - 20:00
SAB 8:00 - 19:00
DOM 10:00 - 21:00

Parco Heunginjimun
흥인지문 공원

Jongno-gu Jong-ro 6-ga 70
서울 종로구 종로6가 70

Il parco Heunginjimun è stato creato dopo la demolizione dell'Ospedale di Dongdaemun della Ewha Womans University e delle aree adiacenti all'Hanyangdoseong (il muro della fortezza della città di Seul), costruito nel 1396 durante l'epoca della dinastia Joseon per proteggere la capitale Hanyang (l'attuale Seul) dagli invasori; è alto 8 metri e si estende per 18,6 km, facendone il più lungo muro di cinta esistente al mondo. Circondando la città di Seul, il muro non è un confine ma un percorso che collega il passato e il presente di Seul. Il percorso di 4 km è una passeggiata facile.

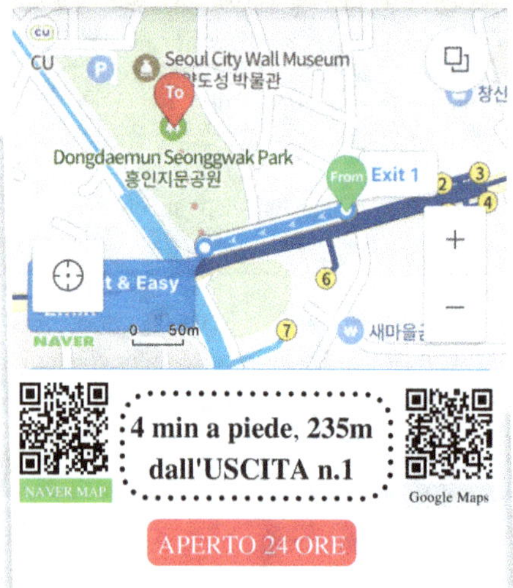

4 min a piede, 235m dall'USCITA n.1

Google Maps

APERTO 24 ORE

Dongdaemun/Heunginjimun
동대문/흥인지문

Jongno-gu Jong-ro 288
서울 종로구 종로 288

Dongdaemun (che significa "porta orientale" e il suo nome ufficiale è Porta di Heunginjimun) è la porta orientale dell'allora capitale di Seul, costruita nel 1398. L'attuale porta fu ricostruita nel 1869. A quei tempi, nella fortezza di Seul furono costruite quattro porte e quattro voci. La Porta di Heunginjimun è la porta più grande, insieme alla Porta di Sungnyemun, di Seul. Presenta una guardiola dove alloggiavano le guardie e, in caso di emergenza, fungeva anche da posto di comando per le forze armate. All'esterno della guardiola, i muri in mattoni e le finestre in legno aiutavano a contrastare il nemico. La guardiola della Porta di Heunginjimun rispecchia le caratteristiche degli edifici del XIX secolo, caratterizzati da una struttura semplice ma ricca di decorazioni. Inoltre, una fortezza a forma di mezzaluna è stata posizionata di fronte per contrastare i nemici. Le luci sono accese di notte e offrono una vista diversa rispetto al giorno.

3 min a piede, 155m dall'USCITA n.6

Google Maps

APERTO 24 ORE

Cheonggyecheon
청계천

Jongno-gu Cheonggyecheon-ro 1
서울 종로구 청계천로 1

Prima del progetto di restauro intrapreso nel 2005, era solo un corso d'acqua abbandonato. Oggi è un luogo di svago pubblico lungo 10,9 km (7,0 miglia) situato nel cuore di Seul, che sfoggia la sua bellezza naturale nel bel mezzo della frenetica vita cittadina. Dei 20 ponti presenti, Narae e Gwanggyo simboleggiano l'armonia tra passato e futuro. Passa vicino al Palazzo Deoksugung, alla via Insa-dong, al Palazzo Changdeokgung e al Palazzo Changgyeonggung. È un posto bellissimo per fare una piacevole passeggiata, una divertente gita in famiglia o una serata romantica. Tanti cespugli e verde.

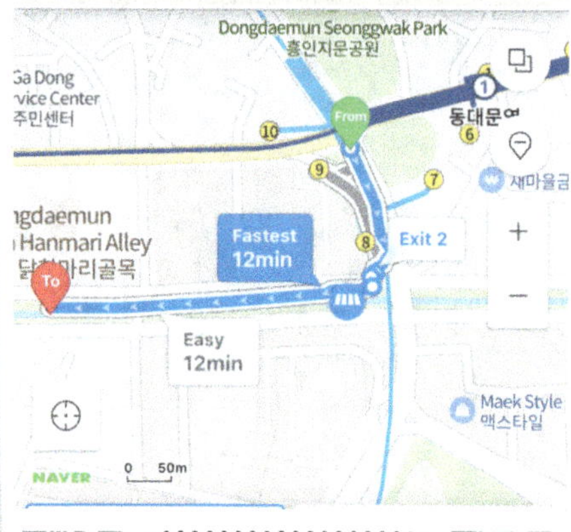

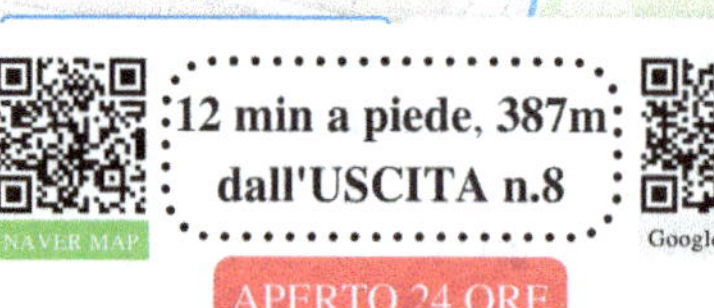

12 min a piede, 387m dall'USCITA n.8

Google Maps

APERTO 24 ORE

www.sisul.or.kr/open_content/cheonggye

Mercato di Gwangjang
광장시장

Jongno-gu Changgyeonggung-ro 88
서울 종로구 창경궁로 88

È uno dei mercati tradizionali più animati di Seul ed è facilmente raggiungibile dai viaggiatori perché si trova nel centro della città. Il mercato tradizionale, che vanta una lunga storia, nacque all'inizio del XX secolo e offre vari articoli come abbigliamento e cibo.

Il mercato alimentare è particolarmente famoso. Oltre al gimbap, si possono gustare pancake di vario tipo, tteokbokki e tortini di pesce preparati sul posto a prezzi contenuti.

Se sei interessato all'abbigliamento, è divertente anche fermarsi al negozio di hanbok, dove potrai ammirare coloratissimi abiti tradizionali e un negozio di abiti vintage al secondo piano.

5 min a piede, 296m dall'USCITA n.8

NAVER MAP

Google Maps

LUN-VEN 9:00 - 23:00

www.kwangjangmarket.co.kr

Parco Tapgol
탑골공원

Jongno-gu Jong-ro 99
서울 종로구 종로 99

Attualmente è noto come luogo di riposo per gli anziani, ma è anche un sito storico dove il 1° marzo 1919 ebbe luogo il movimento di indipendenza contro il dominio coloniale giapponese. In origine questo era il sito del Tempio di Wongaksa, ma fu costruito come parco in stile occidentale durante il regno del re Gojong dell'Impero coreano nel 1897. Il parco si chiamava Parco della Pagoda ed è stato modificato in Parco Tapgol nel 1992. Attraversando il cancello principale del Parco Tapgol, puoi anche vedere la pagoda in pietra a 10 piani del sito del Tempio di Wongaksa, il Tesoro Nazionale n. 2, che è considerato un capolavoro eccellente grazie al suo stile colorato e unico. Nel parco di Tapgol non si sentono le grida di indipendenza, ma il significato di questa giornata rimane inalterato.

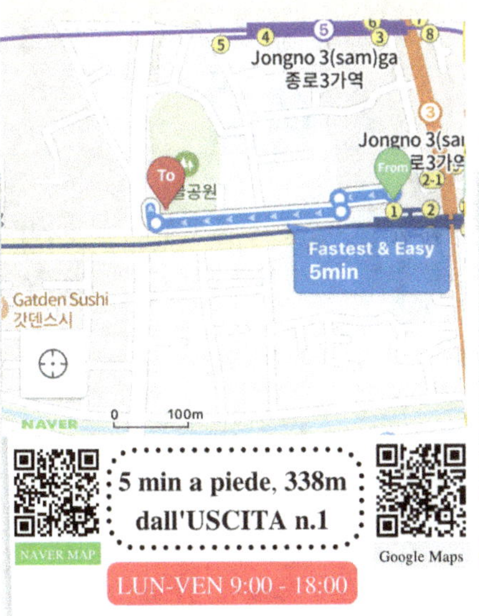

5 min a piede, 338m dall'USCITA n.1

NAVER MAP

Google Maps

LUN-VEN 9:00 - 18:00

Santuario Reale di Jongmyo
종묘

Jongno-gu Hunjeong-dong 1
서울 종로구 훈정동 1

Il Santuario di Jongmyo è uno degli edifici più raffinati e maestosi quale santuario confuciano dedicato ai re e alle regine della dinastia Joseon e ai loro discendenti. È circondato da piccole montagne e foreste ed è costituito dal padiglione Jeongjeon, dal padiglione Yeongnyeongjeon e da diversi ambienti annessi necessari per la preparazione dei rituali. Il padiglione utilizzava soltanto un minimo di colore e le decorazioni e le tecniche erano il più possibile contenute. Questo perché il Santuario di Jongmyo è uno spazio solenne e reverenziale in cui sono stati racchiusi gli spiriti degli antenati. Il Jongmyo Jerye e il Jeryeak (musica rituale) sono entrati a far parte del Patrimonio Immateriale dell'Umanità dell'UNESCO nel 2001 come "Capolavori del Patrimonio Orale e Immateriale dell'Umanità" e dal 2008 sono gestiti come lista rappresentativa del Patrimonio Culturale Immateriale dell'Umanità.

3 min a piede, 299m dall'USCITA n.11

NAVER MAP

Google Maps

Gli orari variano in base alla stagione. Consulta la home page prima di fare una visita.

jm.cha.go.kr

Galleria di Strumenti Nagwon
낙원악기상가

Jongno-gu Samil-daero 428
서울 종로구 삼일대로 428

È il più grande centro commerciale di strumenti musicali della Corea e centinaia di negozi di strumenti musicali sono concentrati al secondo e terzo piano dell'edificio. I visitatori spaziano da giovani studenti a musicisti professionisti. Alcuni sono specializzati nella vendita di un solo strumento, come chitarra e pianoforte, mentre altri propongono diversi strumenti, sia nuovi che usati. Ci sono chitarre costose che costano quasi 10 milioni di won (10.000 EUR), ma anche chitarre economiche che costano decine di migliaia di won. Sono disponibili accessori per strumenti musicali e dispositivi sonori e ci sono luoghi in cui puoi far riparare i tuoi strumenti musicali da esperti. Al quarto piano si trovano il "Silver Movie Theater" per gli anziani e il "Seul Art Cinema", che proietta film indipendenti.

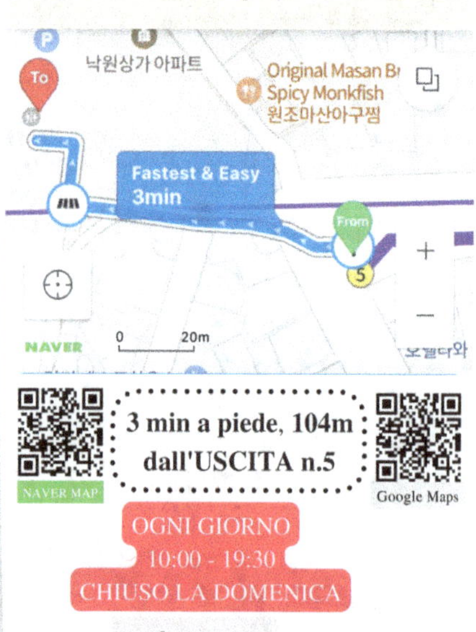

3 min a piede, 104m dall'USCITA n.5
Google Maps

OGNI GIORNO
10:00 - 19:30
CHIUSO LA DOMENICA

enakwon.com

Tempio di Jogyesa
조계사

Jongno-gu Ujeongguk-ro 55
서울 종로구 우정국로 55

Il Tempio di Jogyesa è il tempio centrale del buddismo coreano. Si dice che il nome Jogye sia derivato dal monte Jogyesan, dove soggiornò il Maestro Hyeneung. Qui si trova il Buddha Mokbul seduto del Tempio di Jogyesa, proprietà culturale materiale n. 126 del Governo Metropolitano di Seul. Ogni anno, nei pressi del Tempio di Jogyesa e per le strade di Jongno, si tiene il Festival delle Lanterne in occasione del compleanno del Buddha, un'attrazione per i turisti comuni e stranieri. Non perdere i vari eventi e le parate del Festival delle Lanterne.

7 min a piede, 508m dall'USCITA n.2
Google Maps

APERTO 24 ORE

www.jogyesa.kr

Campanile di Bosingak
보신각

Jongno-gu Jong-ro 54
서울 종로구 종로 54

È un tradizionale padiglione hanok a due piani costruito per appendere la campana di bronzo e presenta una struttura di cinque campate nello spazio anteriore e quattro campate nello spazio laterale. Fu fondato nel 1396 e ricostruito nell'agosto del 1869. È stato riconosciuto come Monumento n. 10 del Governo Metropolitano di Seul il 10 novembre 1997, con il nome del sito di Bosingak. Alla mezzanotte del 1° gennaio ha luogo il suono della campana di Capodanno, l'evento più rappresentativo della Corea per celebrare il nuovo anno. Migliaia di cittadini si radunano davanti al Padiglione Bosingak.

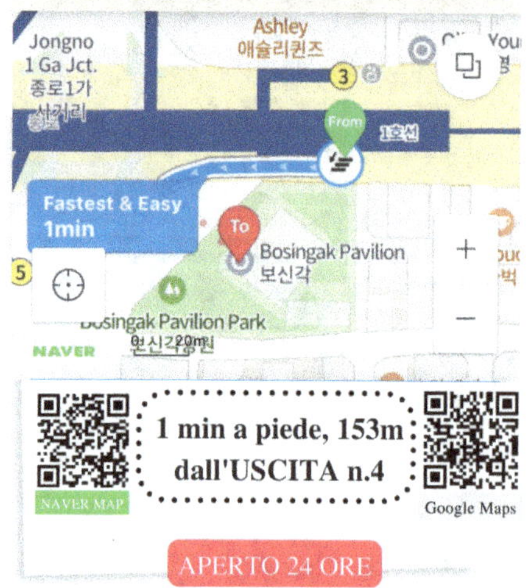

1 min a piede, 153m dall'USCITA n.4
Google Maps

APERTO 24 ORE

Chiesa di Jeong Dong Jeil
정동제일교회

Jung-gu Jeongdong-gil 46
서울 중구 정동길 46

Fondata nel 1885 dal missionario americano Henry Appenzeller, è una delle prime chiese metodiste della Corea. Insieme alla Chiesa presbiteriana Saemoonan, è definita la "Madre delle Chiese" in Corea. La Cappella Bethel della chiesa è stata la prima cappella in stile occidentale in Corea ed è stata riconosciuta come sito storico coreano n. 256 nel 1977. Il primo organo a canne della Corea è stato dedicato alla chiesa nel 1918 e Jeongdongseongga ha animato la cultura musicale protestante del paese.

6 min a piede, 555m dall'USCITA n.1

Consulta il Programma della Chiesa

chungdong.org

Teatro Nazionale Chongdong
정동극장

Jung-gu Jeongdong-gil 43
서울 중구 정동길 43

Il Teatro Chongdong (Jeongdong) è stato realizzato nel 1995 con la finalità storica di ripristinare il Wongaksa, il primo teatro moderno in Corea, e con tre obiettivi: lo sviluppo e la distribuzione dell'arte tradizionale, lo sviluppo dei movimenti culturali nella vita quotidiana e la promozione della cultura giovanile. Alla sua apertura, il teatro è nato come filiale del Teatro Nazionale di Corea, ma nel 1997 è diventato una società completamente indipendente. La struttura dispone di 400 posti a sedere e al centro del palcoscenico è installato un palcoscenico rotante con un diametro di 9 metri. Inoltre, il palcoscenico dell'orchestra è stato creato come palcoscenico variabile che, all'occorrenza, può essere utilizzato come platea mobile da 75 posti. È in grado di gestire non solo l'arte tradizionale ma anche le arti performative di tutti i generi, come la musica, la danza e il teatro.

6 min a piede, 439m dall'USCITA n.1

Consulta il Calendario degli Eventi

www.jeongdong.or.kr

Seul Plaza
서울광장

Jung-gu Taepyeong-ro 17-3
서울 중구 태평로2가 17-3

La Seul Plaza è stata il luogo in cui si sono svolti numerosi eventi storici, come il Movimento per l'Indipendenza del 1° marzo e il Movimento Democratico di giugno, e ha ospitato i festival cittadini durante la Coppa del Mondo di calcio del 2002. Oggi è accessibile a tutti i cittadini, ma solo da poco più di un decennio è possibile entrare in questo luogo. Precedentemente, Seul Plaza era chiamata "Piazza di fronte al Municipio" ed era circondata da automobili. La storia di Seul Plaza inizia nel 1897, quando il re Gojong fuggì dalla rappresentanza in Russia e tornò al Palazzo Deoksugung. Per rinnovare le radici del paese, il re Gojong costruì una strada di tipo radiante centrata davanti alla Porta Daehanmun del Palazzo Deoksugung e vi costruì una piazza e un altare.

2 min a piede, 91m dall'USCITA n.5

APERTO 24 ORE

plaza.seoul.go.kr

Palazzo Deoksugung
덕수궁

Jung-gu Sejong-daero 99
서울 중구 세종대로 99

In origine questo palazzo fu la casa del principe Wolsan, che però divenne un palazzo reale dopo l'invasione giapponese della Corea nel 1592, quando il re Seonjo lo scelse temporaneamente come residenza reale. Nel 1608, quando il re Gwanghae si trasferì nel nuovo palazzo Changdeokgung, chiamò questo palazzo Gyeongungung. Fu nuovamente utilizzato come palazzo reale nel 1897 quando il re Gojong, che si era rifugiato presso la delegazione russa, si trasferì qui. Nel 1906, il nome Palazzo Gyeongungung divenne Palazzo Deoksugung.

Qui si trovano edifici che mescolano stili tradizionali e occidentali. Esiste anche una leggenda secondo la quale se si cammina lungo Jeongdong-gil, chiamato anche Deoksugung Stonewall Walkway, le coppie si lasciano. Davanti alla Porta Daehanmun, ogni giorno alle 11.00 e alle 14.00 si tiene la "Cerimonia del cambio del guardiano reale", una delle principali attrazioni turistiche.

1 min a piede, 80m dall'USCITA n.2

OGNI GIORNO 9:00 - 21:00
CHIUSO IL LUNEDI

www.deoksugung.go.kr

Museo Nazionale di Arte Moderna e Contemporanea 국립현대미술관

Jung-gu Sejong-daero 99
서울 중구 세종대로 99

Questo edificio fu adibito a museo per ospitare la mostra d'arte Joseon in seguito all'apertura al pubblico del Palazzo Deoksugung nel 1933. Il Museo Nazionale d'Arte Moderna e Contemporanea Deoksugung Branch è stato aperto come succursale del Palazzo Deoksugung nel 1998. In quanto edificio simmetrico, è caratterizzato da un portico con colonne corinzie. All'interno dello spazio ad angolo retto circondato dalle sale est e ovest della Seokjeojeon Hall, si trova un giardino con una fontana di bronzo. È il primo giardino in stile occidentale della Corea e funge ancora da fontana. La panchina di fronte all'ala ovest che attraversa il giardino è il posto migliore per ammirare la fontana.

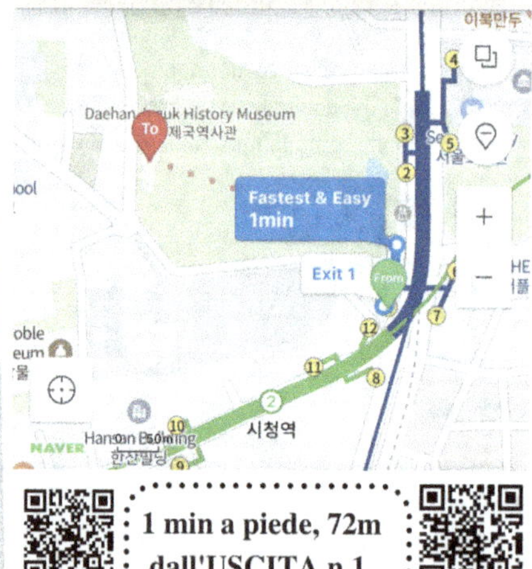

1 min a piede, 72m dall'USCITA n.1

CHIUSO IL LUNEDI

www.mmca.go.kr

Oltre a questa sede di Deoksugung, ci sono le sedi di Seul, Gwacheon e Chenongju. Visita la pagina web per saperne di più

Ex Legazione Russa
구 러시아 공사관

Jung-gu Jeongdong-gil 21-18
서울 중구 정동길 21-18

Questo edificio fu il luogo in cui il Re Gojong dell'Impero Coreano si rifugiò dopo essere fuggito dal Palazzo Gyeongbokgung, controllato dall'esercito giapponese e dal gabinetto filo-giapponese, dal 1896 al 1897. Gran parte degli edifici vennero distrutti durante la Guerra di Corea e oggi rimangono solo il seminterrato e la pagoda. La struttura è un edificio in mattoni a due piani con una pagoda su un lato e il suo stile è quello di un edificio rinascimentale con due finestre a forma di arcobaleno e un timpano sui quattro lati. Sebbene buona parte della forma originale sia stata danneggiata, nel settembre 1977 è stato designato come sito storico in virtù della sua rilevanza storica.

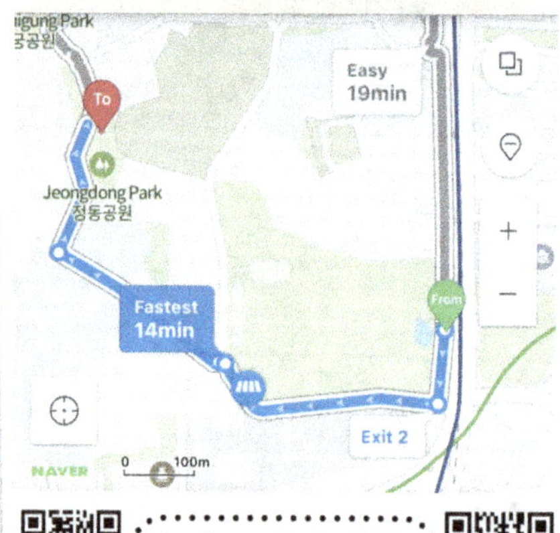

14 min a piede, 870m dall'USCITA n.2

APERTO 24 ORE

Altare di Hwangudan
환구단

Sito all'interno del Westin Chosun Hotel, fu una struttura sciamanica costruita per il rito del paradiso durante la dinastia Goryeo e Joseon.

Fu abolita tra il 1464 e il 1897, ma venne ricostruita quando la dinastia Joseon divenne l'Impero Coreano. I tre tamburi di pietra simboleggiano gli strumenti utilizzati per i riti. È un sito storico che non è molto conosciuto dagli abitanti del luogo, il che lo rende un buon posto per le foto e un luogo dove rilassarsi.

4 min a piede, 169m dall'USCITA n.6

APERTO 24 ORE

Mercato Ittico di Noryangjin
노량진 수산시장

Un luogo dove si può trovare il mare nel bel mezzo del centro di Seul, che è lontano dal mare? È il mercato del pesce di Noryangjin. Qui vengono raccolti diversi prodotti marini provenienti da tutto il paese e trasportati nei mercati nazionali tramite aste. È anche il più grande "ristorante di sashimi" di Seul. Solitamente le aste si svolgono dall'1 alle 4 del mattino per i commercianti all'ingrosso.

Durante i pasti è affollato di clienti che cercano sashimi fresco, ma è anche un luogo d'incontro unico per le giovani coppie.

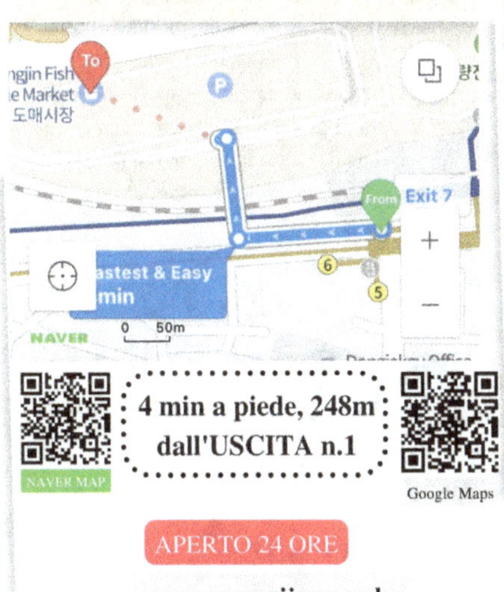

4 min a piede, 248m dall'USCITA n.1

APERTO 24 ORE

www.susansijang.co.kr

Le Tombe dei Sei Martiri di Sayuksinmyo 사육신묘

Il sito della tomba è dedicato a sei giovani martiri che furono giustiziati in seguito al fallimento di un piano di reintegrazione del re Danjong della dinastia Josoen. Questo sito fu realizzato per commemorare la lealtà e la rettitudine dei sei. Non è un sito imponente, ma è comunque un luogo tranquillo e sereno. È meglio visitarlo in primavera, quando la forsizia e l'azalea sono in piena fioritura.

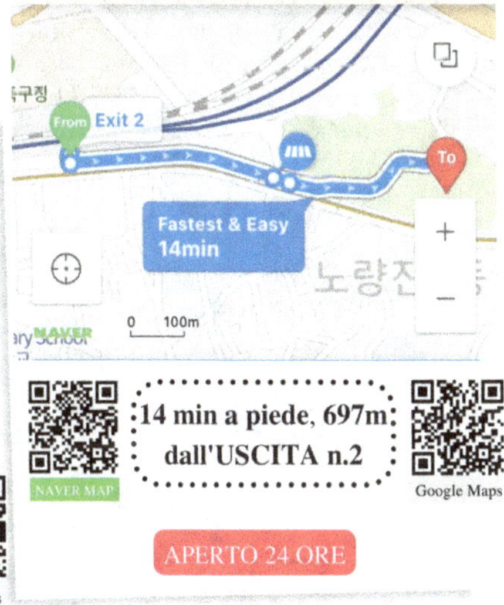

14 min a piede, 697m dall'USCITA n.2

APERTO 24 ORE

Times Square
타임스퀘어

Yeongdeungpo-gu, Yeongjung-ro 15
서울 영등포구 영중로 15

Times Square, inaugurata nel 2009, è uno dei più grandi complessi commerciali di Seul, che vanta una media di oltre 200.000 visitatori al giorno. Il suo obiettivo è quello di offrire un'esperienza completa di "shopping" soddisfando le esigenze di lifestyle come la moda, la cultura, la ristorazione e l'intrattenimento. L'atrio principale è caratterizzato da un grande spazio aperto sul tetto del primo piano con un'ampia vetrata che permette di vedere il cielo da tutti i piani della stanza, offrendo un'atmosfera piacevole. Ogni fine settimana si tengono vari spettacoli e attività a cui i visitatori possono partecipare.

5 min a piede, 187m dall'USCITA n.5

OGNI GIORNO
10:30 - 22:00

www.timessquare.co.kr

Wolmi Theme Park
월미 테마파크

Incheon Jung-gu Wolmimunhwa-ro 81
인천 중구 월미문화로 81

Grazie al suo fantastico panorama naturale, l'isola di Wolmido è stata amata dagli abitanti del luogo e dai turisti fin dalla sua apertura nel 1992. Da allora, nel 2009 è rinata come un'enorme struttura chiamata Wolmi Theme Park. Il parco divertimenti Wolmi è stato presentato in diversi programmi televisivi come "We Got Married", "One Night, Two Days" e "Running Man", in quanto è caratterizzato da giostre incredibili come Hyper Shots Drops, Tagada Disco e Two-Story Viking, alte 70 metri, e da una ruota panoramica di 115 metri. Il grande centro giochi per bambini al coperto Chapi Family Park, le strutture per i giochi d'acqua come le giostre mini-flume, barche, i giochi con le palle d'acqua e i cinema 4D sono luoghi in cui tutti, dai bambini agli adulti, possono divertirsi.

39 min a piede, 2.4km dall'USCITA n.1

LUN-VEN 10:00 – 22:00
FINE SETTIMANA 10:00 - 22:30

www.my-land.co.kr

Incheon Chinatown
차이나타운

Incheon Jung-gu Chinataun-ro 26 beon-gil 12-17
인천 중구 차이나타운로26번길 12-17

Le quartier chinois d'Incheon a été créé lorsque le port d'Incheon a été ouvert en 1883 et a été désigné comme zone extraterritoriale de la dynastie Qing en 1884. Auparavant, la plupart des boutiques vendaient des produits importés de Chine, mais aujourd'hui, on y trouve surtout des restaurants chinois. Chinatown est l'endroit où les Chinois de Corée vivaient autrefois le plus. Aujourd'hui, il est célèbre pour ses dizaines de restaurants, boulangeries et cafés chinois et il y a de nombreuses attractions comme la rue Samgukji Mural, le Freedom Park et le Donghwa Village. Si vous venez le week-end, vous pourrez voir des touristes envahir les rues et de longues LINEAs de personnes devant de nombreux restaurants chinois célèbres.

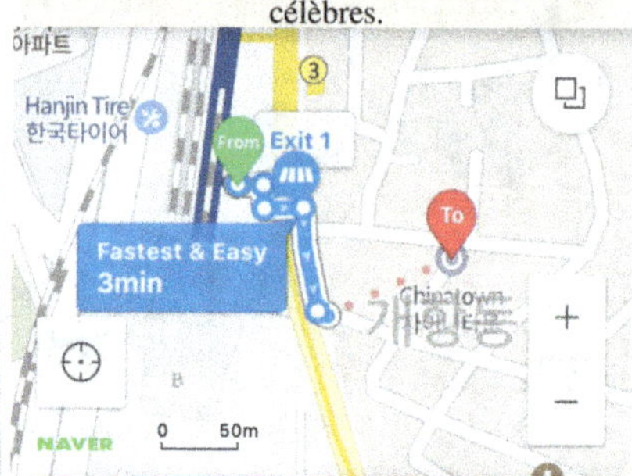

3 min a piede, 108m dall'USCITA n.1

APERTO 24 ORE

(Per arrivare più velocemente, puoi:
- Salire sull'autobus n. 45 alla fermata di fronte alla stazione di Incheon
- e scendere alla fermata Wolmi Theme Park. (Si accettano le banconote T-Money).

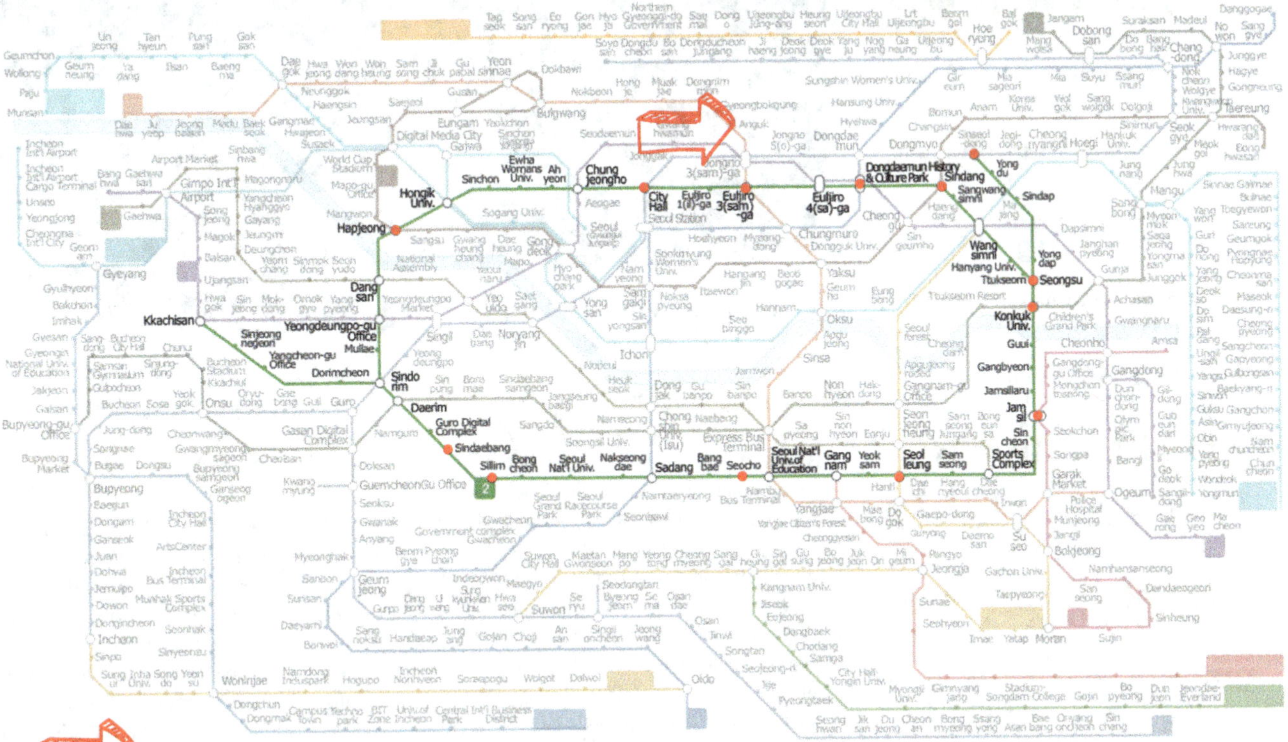

(201)=(132) CITY HALL 시청

- Chiesa di Jeong Dong Jeil 정동제일교회
- Teatro Nazionale Chongdong 정동극장
- Seul Plaza 서울광장
- Palazzo Deoksugung 덕수궁
- Ex Legazione Russa
  구 러시아 공사관
- Museo Nazionale di Arte Moderna e
  Contemporanea 국립현대미술관
- Altare di Hwangudan 환구단

(220) SEOLLEUNG 선릉

- Tombe Reali di Seonjeongneung
  서울 선릉과 정릉

(238)=(622) HAPJEONG 합정

- Cimitero dei Missionari Stranieri di Yanghwajin 양화진외국인선교사묘원
- Santuario dei Martiri di Jeoldusan 절두산 성지
- Mecenatpolis Mall 메세나폴리스몰

(203)=(330) EULJIRO 3(SAM)-GA 을지로 3가

- Chiesa Presbiteriana di Youngnak 영락교회

(206)=(635) SINDANG 신당

- Mercato dell'Usato di
  Hwanghakdong
  황학동 벼룩시장
- Chungmu Art Center
  충무 아트센터
- Sindangdong Tteokbokki Town
  신당동 떡볶이타운

(224) SEOCHO 서초

- Sillim-dong Sundae Town
  신림동 순대타운

(205) DONGDAEMUN HISTORY & CULTURE PARK 동대문역사문화공원

- Dongdaemun Digital Plaza (DDP) 동대문 디지털 플라자
- Dongdaemun Fashion Town 동대문 패션타운

(210) TTUKSEOM 뚝섬

- Foresta di Seul 서울숲

(212)=(727) KONKUK UNIV. 건대입구

- Common Ground 커먼그라운드

(230) SILLIM 신림

- Villaggio Seorae e Parco
  Montmartre
  서래마을 & 몽마르뜨 공원

(211-4)=(126) SINSEOLDONG 신설동

- Mercato Popolare dell'Usato di Seul
  서울풍물시장

(216)=(814) JAMSIL 잠실

- Lotte World 롯데 월드
- Monumento di Pietra di Samjeondobi
  삼전도비

(231) SINDAEBANG 신대방

- Parco Boramae 보라매 공원

- **La linea più utilizzata di Seul - Spesso è affollata di persone**
- **Linea circolare - il senso orario è chiamato "cerchio interno", mentre il senso antiorario è chiamato "cerchio esterno".**
- **Il secondo percorso ad anello più lungo del mondo (60,2 km)**
- **Collega il centro città a Gangnam, Teheran Valley e al complesso COEX/KWTC Numero di stazioni: 51**
- **Termini: Municipio / Seongsu / Sindorim City Hall / Sinseol-dong / Kkachisan**

Chiesa di Jeong Dong Jeil
정동제일교회

6 min a piede, 555m dall'USCITA n.1

Teatro Nazionale Chongdong
정동극장

6 min a piede, 439m dall'USCITA n.1

Seul Plaza
서울광장

2 min a piede, 91m dall'USCITA n.5

Palazzo Deoksugung
덕수궁

1 min a piede, 80m dall'USCITA n.2

Ex Legazione Russa
구 러시아 공사관

14 min a piede, 870m dall'USCITA n.2

Museo Nazionale di Arte Moderna e Contemporanea 국립현대미술관

1 min a piede, 72m dall'USCITA n.1

Altare di Hwangudan
환구단

4 min a piede, 169m dall'USCITA n.6

Questi posti sono già stati presentati nelle pagine precedenti.

Chiesa Presbiteriana di Youngnak
영락교회

Jung-gu, Supyo-ro 33
서울 중구 수표로 33

Fondata a Seul nel 1945 da Kyung-Chik Han e inaugurata da 27 rifugiati provenienti dalla Corea occupata dai sovietici al di sopra del 38° parallelo, i suoi membri crebbero progressivamente con l'arrivo di altri rifugiati alla ricerca della libertà religiosa. Quando il rev. Han ricevette il Premio Templeton per il progresso nella religione nel 1992, il numero di membri raggiunse i 60.000, diventando la più grande congregazione presbiteriana del mondo. L'edificio in stile neogotico era un rifugio per i rifugiati perseguitati. Non è di dimensioni enormi, ma è un'ottima visita insieme alla Cattedrale cattolica di Myeong-dong che si trova proprio di fronte.

8 min a piede, 324m dall'USCITA n.6

OGNI GIORNO
6:00 - 23:00
CHIUSO IL LUNEDI'

www.youngnak.net

Dongdaemun Digital Plaza (DDP)
동대문 디지털 플라자

Jung-gu, Eulji-ro 281
서울 중구 을지로 281

Un UFO è atterrato a Seul? Questo edificio futuristico ti offrirà sicuramente un'esperienza unica. È un importante edificio urbano progettato da Zaha Hadid e Samoo. Presenta un design neo-futuristico che si contraddistingue per le sue forme allungate e sinuose. Ubicato nel centro di Dongdaemun, centro della moda e popolare meta turistica di Seul, presenta un parco percorribile sui suoi tetti, spazi espositivi, negozi futuristici e parti restaurate della fortezza di Seul. Ci sono tre edifici distinti, quindi assicurati di visitarli tutti.

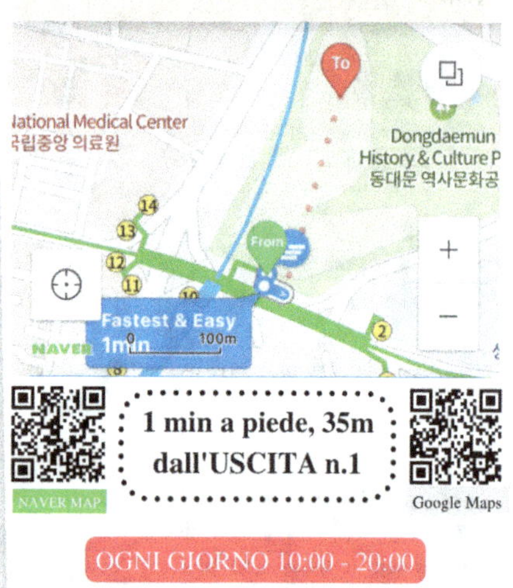

1 min a piede, 35m dall'USCITA n.1

OGNI GIORNO 10:00 - 20:00

www.ddp.or.kr

Dongdaemun Fashion Town
동대문 패션타운

Jung-gu, Jangchungdan-ro 263
서울 중구 장충단로 263

La Dongdaemun Fashion Town, denominata zona turistica speciale nel 2002, è un luogo in cui coesistono mercati tradizionali come il Gwanghui Market e il Pyeonghwa Market, negozi all'ingrosso emergenti come Golden Town e Appm e grandi centri commerciali articolati come Duta, Migliore e Good Morning City. Ci sono circa 30 grandi centri commerciali e 35.000 negozi singoli. In un raggio di 1 km si sviluppa tutto, dalla progettazione alla produzione e alla vendita dei prodotti. Le dimensioni sono così grandi che non è possibile visitarle tutte in un giorno. Grazie a ciò, oggi è molto popolare non solo tra i coreani ma anche tra i turisti stranieri.

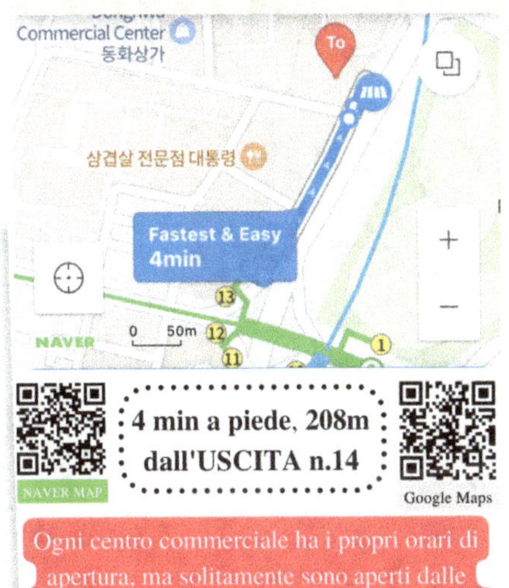

4 min a piede, 208m dall'USCITA n.14

Ogni centro commerciale ha i propri orari di apertura, ma solitamente sono aperti dalle 10:30 alle 24:00. Alcuni sono chiusi il lunedì.

Mercato dell'Usato di Hwanghakdong 황학동 벼룩시장

Jung-gu Majang-ro 5-gil 11-7
서울 중구 마장로5길 11-7

Noto ai locali come il "mercato di qualsiasi cosa" per la sua vasta scelta di oggetti usati in vendita, dall'antiquariato all'elettronica, è un paradiso per gli appassionati di antiquariato. È comprensibile perché è conosciuto come il paradiso dei collezionisti di antiquariato. Con un po' di fortuna, puoi trovare grandi oggetti a prezzi scontati. Con un po' di contrattazione potresti concludere un affare ancora più vantaggioso (provaci, è divertente!).

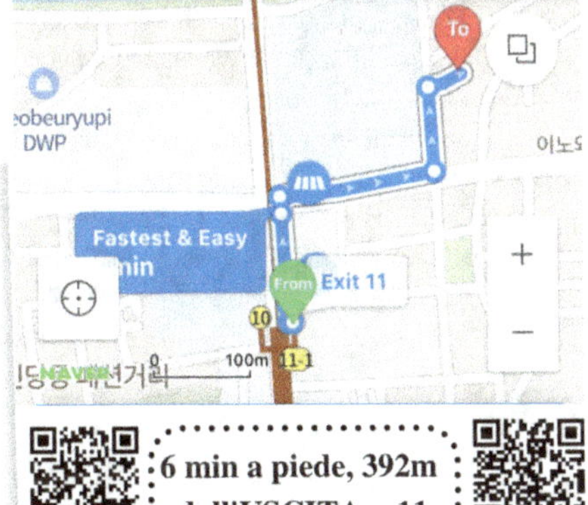

6 min a piede, 392m dall'USCITA n.11

Google Maps

In generale, OGNI GIORNO 10:00 - 18/19:00

Chungmu Art Center
충무 아트센터

Jongno-gu Changgyeonggung-ro 88
서울 종로구 창경궁로 88

È un complesso culturale sito a Jung-gu, Seul, che deve il nome al titolo postumo di Chungmu dell'ammiraglio Yi Sun-shin, nato a Inhyeon-dong nello stesso distretto. È noto per il suo eccellente spazio per la visione di vari spettacoli come la musica classica, le opere teatrali e i musical. Inoltre, dispone di una galleria, di uno spazio polifunzionale, di una sala convegni, di una sala per le prove dell'orchestra, di una sala per le prove dei gruppi artistici locali, di uno studio per le prove delle performance, di uno spazio educativo per l'accademia d'arte e di strutture sportive come una sala per le prove di golf, una piscina, una palestra, una sala per l'aerobica e una sala per le docce, nonché di strutture ausiliarie.

2 min a piede, 105m dall'USCITA n.9

Google Maps

OGNI GIORNO 9:00 - 22:00
CHIUSO IL LUNEDI

www.caci.or.kr

Sindangdong Tteokbokki Town
신당동 떡볶이타운

Jung-gu Sindang-dong 304-684
서울 중구 신당동 304-684

Preparato con una torta di riso morbida e gommosa e condito con la salsa piccante e dolce gochujang (pasta al peperoncino), è uno degli street food più amati in Corea, spesso servito con uova sode, ramyun (pasta istantanea) e tortini di pesce. La sua storia risale alla dinastia Joseon. La storia narra che veniva consumato nel palazzo reale e così è ancora oggi. Per via del suo sapore irresistibile, esistono ristoranti in franchising con il nome di "tteobokki narcotico".

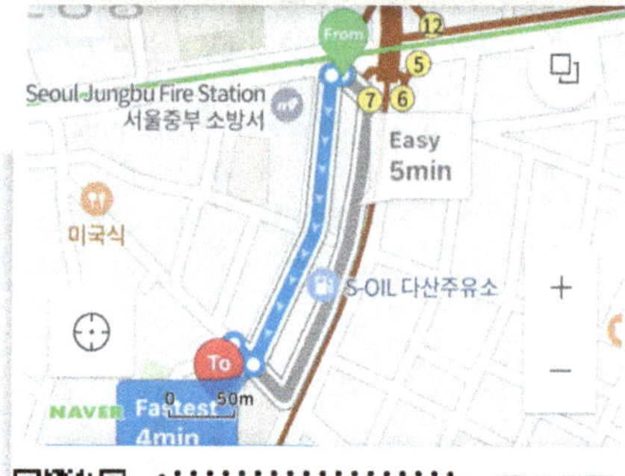

4 min a piede, 236m dall'USCITA n.8

Google Maps

APERTO 24 ORE

Foresta di Seul
서울숲

Seongdong-gu Ttukseom-ro 273
서울 성동구 뚝섬로 273

La Foresta di Seul, inaugurata nel 2005, sta diventando un punto di relax per i cittadini. La Foresta di Seul è articolata in cinque parchi tematici, tra cui il Parco della Cultura e delle Arti, la Foresta Ecologica, il Centro di Apprendimento della Natura, il Centro Ecologico delle Zone Umide e il Parco del Lungofiume Hangang. Il Parco della Cultura e delle Arti è caratterizzato da statue e parchi giochi nella foresta. La foresta ecologica combina animali e piante selvatiche, mentre il Nature Experience Learning Center è composto da una Foresta dei Guardiani e da un Giardino Botanico degli Insetti. Il Wetland Ecology Center offre foreste e campi da gioco naturali, oltre a lezioni all'aperto. L'Hangang Waterfront Park è dotato di una pista ciclabile e di un molo per le navi da crociera del fiume Hangang, rendendolo un luogo ideale per gli incontri.

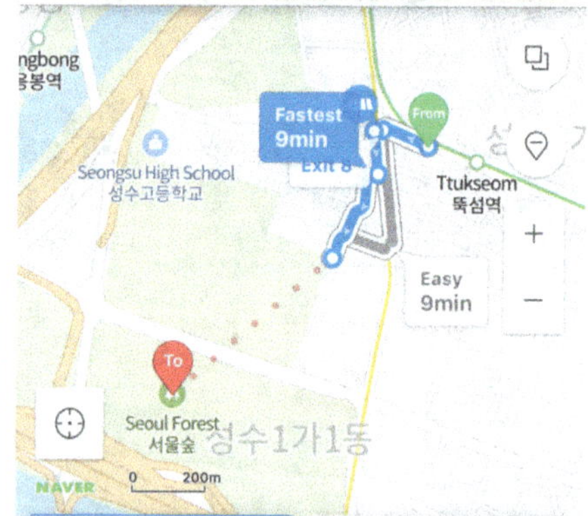

9 min a piede, 529m dall'USCITA n.8

Google Maps

APERTO 24 ORE

parks.seoul.go.kr/template/sub/seoulforest.do

Mercato Popolare dell'Usato di Seul
서울풍물시장

3 min a piede, 199m dall'USCITA n.9

Questo posto è già stato presentato nelle pagine precedenti.

Common Ground
커먼그라운드

Gwangjin-gu, Achasan-ro 200
서울 광진구 아차산로 200

È il più grande centro commerciale pop-up realizzato da Kolon FnC nel 2015 con oltre 200 grandi container. Gli iconici container blu sono collegati tra loro mediante bulloni. La struttura ospita centri commerciali di marchi sportivi, hamburger fatti a mano, pasta e bar per il brunch. È anche considerato una delle tre principali destinazioni turistiche architettoniche di Seul, In linea con il motto "Fabbrica della Cultura Giovanile", dove convivono marchi con una sensibilità culturale giovane provenienti da tutto il mondo e designer di talento coreani, i visitatori sono principalmente giovani tra i 20 e i 30 anni e anche molti turisti stranieri visitano questo luogo.

3 min a piede, 196m
dall'USCITA n.6

OGNI GIORNO 11:00 - 22:00

www.common-ground.co.kr

Lotte World
롯데 월드

Songpa-gu Ollimpik-ro 240
서울 송파구 올림픽로 240

Visitato da oltre 7 milioni di persone ogni anno, è un complesso ricreativo enorme che vanta il più grande parco a tema al coperto del mondo.

Ospita diverse strutture, tra cui centri commerciali, un hotel di lusso, un museo popolare coreano, strutture sportive e cinema. Ospita anche la più grande pista di pattinaggio su ghiaccio della Corea. All'interno del parco si svolgono diversi spettacoli, che possono essere fruiti senza alcun costo aggiuntivo. "Magic Island" è un'isola artificiale situata all'interno di un lago collegato da una monorotaia. È un grande parco divertimenti/centro commerciale per persone di tutte le età. Ti farà divertire per tutto il giorno. Scarica l'app "Magic Pass" per evitare lunghe file.

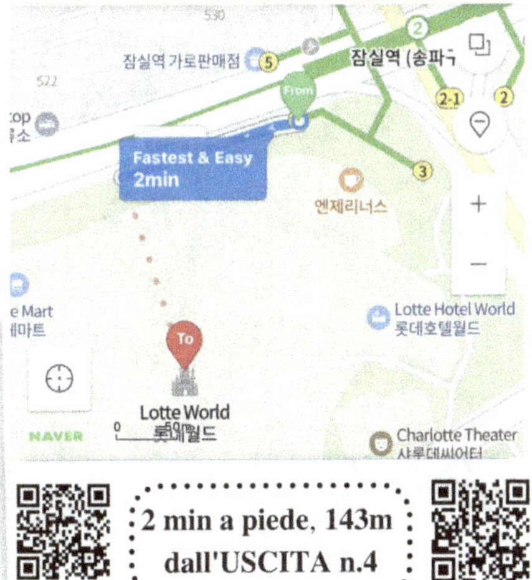

2 min a piede, 143m
dall'USCITA n.4

OGNI GIORNO 10:00 - 22:00

www.lotteworld.com

Monumento di Pietra di Samjeondobi
삼전도비

Songpa-gu Songpanaru-gil 256
서울 송파구 송파나루길 256

È un monumento eretto per ricordare la sottomissione della dinastia Joseon alla dinastia Qing nel 1636 come conseguenza della seconda invasione Manciù, dove il re Injo dovette inchinarsi cerimoniosamente a Hong Taiji della dinastia Qing per nove volte come servitore. Il trattato di Samjeondo stabiliva che i suoi primi e secondi figli fossero presi come prigionieri e che la dinastia Joseon diventasse uno stato tributario. È un tassello importante della (vergognosa) storia della Corea. Vale la pena fare una visita veloce se ti trovi in città (Lotte World e Lago Seokchon).

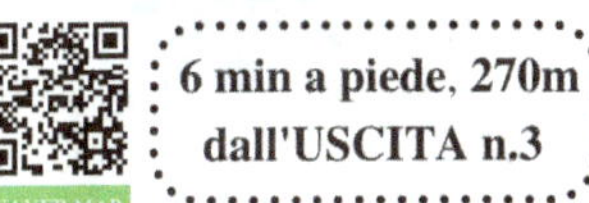

6 min a piede, 270m
dall'USCITA n.3

APERTO 24 ORE

Tombe Reali di Seonjeongneung
서울 선릉과 정릉

Gangnam-gu Samseong-2-dong 100-gil 1
서울 강남구 삼성2동 선릉로100길 1

Le Tombe Reali di Seonneung e Jeongneung sono i luoghi di riposo del re Seongjong, nono re della dinastia Joseon, della regina Jeonghyeon e del re Jungjong della dinastia Joseon. Questo luogo è importante dal punto di vista storico, ma la natura verde è ben conservata tanto da essere chiamata "la foresta della città". Accedendo alle Tombe Reali di Seonneung e alle Tombe Reali di Jeongneung, rimarrai sorpreso dalla loro notevole ampiezza. In particolare, il sentiero della foresta che va da Jeongneung, la tomba del re Jungjong, a Seonneung, dove dormono il re Seongjong e la regina Jeonghyeon, è molto ampio. Potrai incontrare cittadini che camminano lungo il sentiero che collega le tombe e persone che riposano all'ombra di un bellissimo albero. È un bosco rilassante dove puoi fare una pausa nel bel mezzo di una città complessa. Nel 2009 è stata dichiarata Patrimonio dell'Umanità dall'UNESCO.

9 min a piede, 432m
dall'USCITA n.10

Google Maps

OGNI GIORNO
6:00 - 20:00 CHIUSO IL LUNEDI

royaltombs.cha.go.kr

Villaggio Seorae e Parco Montmartre
서래마을 & 몽마르뜨 공원

Seocho-gu, Seocho-dong, San177-3
서울 서초구 서초동 산177-3

Originariamente il parco era una collina boscosa di acacie, ma nel 2000 la sede centrale dell'acquedotto metropolitano di Seul ha avviato un progetto di drenaggio per portare acqua potabile nell'area di Banpo, creando un "Parco di Montmartre" per offrire aree di sosta ai residenti grazie alle consultazioni con il governo metropolitano di Seul. In particolare, il parco è stato chiamato "Montmartre Park" perché nel vicino Seorae Village vivevano molti francesi e la strada di accesso al villaggio si chiamava Montmartre Road. Nel villaggio di Seorae c'è una scuola internazionale francese e molte panetterie francesi.

9 min a piede, 577m
dall'USCITA n.6

Google Maps

APERTO 24 ORE

Sillim-dong Sundae Town
신림동 순대타운

Gwanak-gu, Sillim-ro 59-gil 14
서울 관악구 신림로 59길 14

Il primo posto che salta alla mente quando si pensa a Sillim-dong è Sundae Town. I venditori ambulanti di sundae si sono formati naturalmente e hanno lavorato a partire dagli anni '60, ma quando nel 1992 è stato costruito l'edificio popolare di Sundae Town, le case di Sundae sparse nel mercato tradizionale si sono trasferite in un unico luogo, formando l'attuale Sundae Town. A differenza dei normali sundae, i baeksundae (semplici) e i sundae piccanti saltati in padella con pasta di peperoni rossi, verdure varie e condimenti mescolati con intestino di manzo sono famosi a Sillim-dong e i giovani si recano spesso qui per gustare deliziosi sundae a prezzi convenienti. Alcuni ristoranti offrono anche menù unici con calamari saltati e trippa saltata.

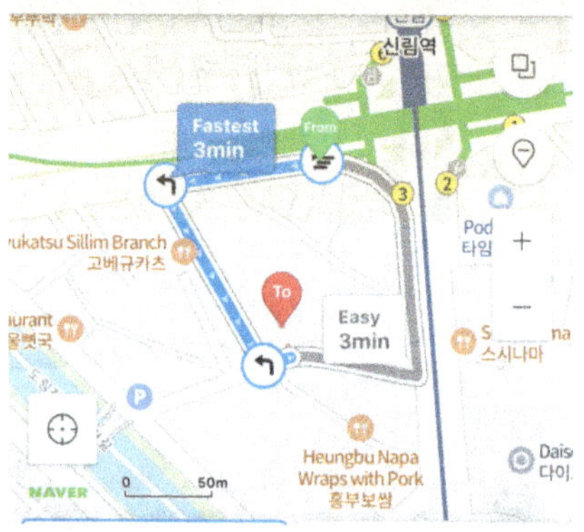

3 min a piede, 175m
dall'USCITA n.4

Google Maps

Ogni ristorante ha un proprio orario di apertura, ma di solito sono aperti dalle 10:00.

Parco Boramae
보라매 공원

Dongjak-gu Sindaebang-dong 395
서울 동작구 신대방동 395

Il Parco Boramae è stato inaugurato il 5 maggio 1986, a seguito della restaurazione del luogo lasciato dall'Accademia dell'Aeronautica il 20 dicembre 1985, ed è diventato il nome attuale del parco dopo aver ripreso il simbolo dell'Accademia dell'Aeronautica, Boramae (un giovane falco). Il Parco Boramae, che rappresenta la parte sud-occidentale di Seul, è amato da molti cittadini come spazio di riposo, di esercizio fisico e culturale, poiché è in contatto con Dongjak-gu, Gwanak-gu e Yeongdeungpo-gu.

Straordinario spettacolo di fontane d'acqua dalle 5.1~9.30
12:00-12:50,
17:00-17:20, 19:00-19:20 (illuminato),
20:00-20:20 (illuminato)
*L'orario è soggetto a variazioni.

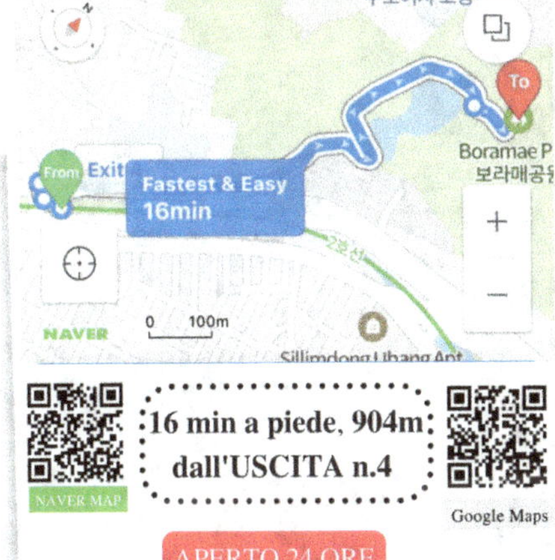

16 min a piede, 904m dall'USCITA n.4

APERTO 24 ORE

parks.seoul.go.krtemplate/sub/boramae.do

Cimitero dei Missionari Stranieri di Yanghwajin 양화진외국인선교사묘원

Mapo-gu Yanghwajin-gil 46
마포구 양화진길 46

Dalla fine della dinastia Joseon all'epoca coloniale giapponese, circa 1.500 missionari stranieri giunsero in Corea. Si dedicarono principalmente ad attività mediche, educative e caritatevoli nonostante il decreto di proibizione cristiana della dinastia Joseon. Essi speravano di essere sepolti in Corea anche dopo la loro morte, perciò fu realizzato questo cimitero. Situato accanto al luogo sacro cattolico del Monte Jeoldusan, Yanghwajin testimonia la storia degli sconvolgimenti dell'epoca, tra cui l'esecuzione dei cattolici e la decapitazione di Kim Ok-kyun, un membro dell'Illuminismo. Un totale di 417 missionari provenienti da 15 paesi, tra cui 145 primi missionari e le loro famiglie, riposano in questo luogo, insieme a 555 tombe di persone che hanno lavorato per modernizzare la Corea.

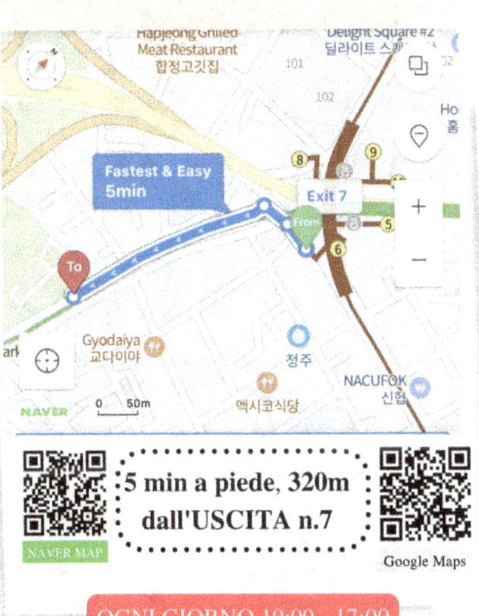

5 min a piede, 320m dall'USCITA n.7

OGNI GIORNO 10:00 - 17:00
CHIUSO LA DOMENICA.

yanghwajin.net

Santuario dei Martiri di Jeoldusan
절두산 성지

Mapo-gu, Tojeong-ro 6
서울 마포구 토정로 6

Il termine significa letteralmente "montagna della decapitazione" ed è il luogo in cui si svolse la Processione di Byeongin del 1866. La storia racconta che persero la vita circa 2.000 cattolici coreani, 27 dei quali sono stati nominati santi. Il museo adiacente alla cappella conserva ancora alcuni degli strumenti di tortura dell'epoca. Papa Giovanni Paolo II lo visitò nel 1984 e Madre Teresa nel 1985. È un luogo molto suggestivo, indipendentemente dal fatto che tu sia cattolico o meno. La domenica è il momento migliore per visitarlo, poiché vi si tengono molti incontri di preghiera.

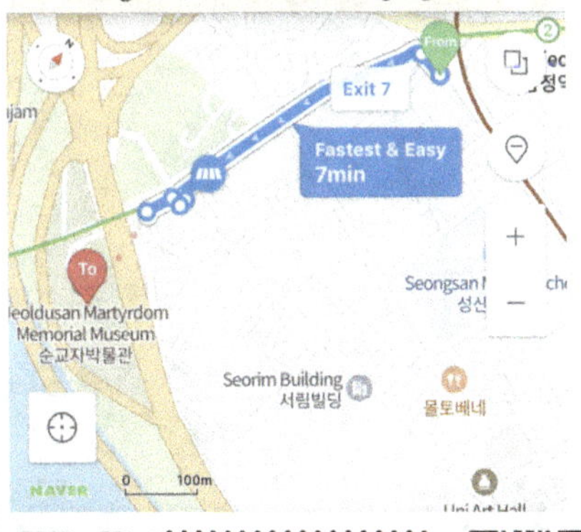

7 min a piede, 482m dall'USCITA n.7

OGNI GIORNO 9:30 - 17:00
CHIUSO IL LUNEDI

www.jeoldusan.or.kr

(238)=(622) HAPJEONG 합정

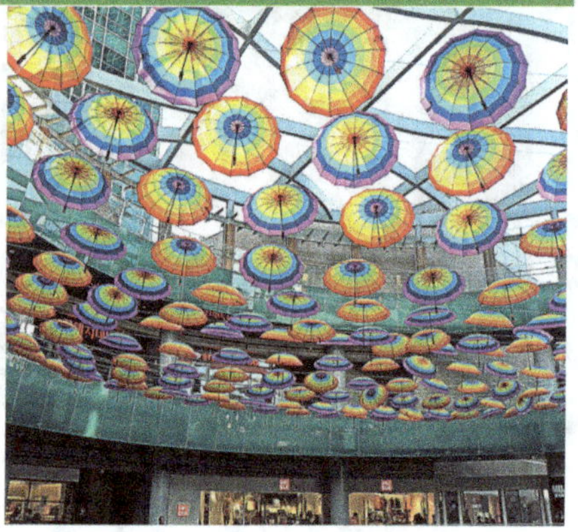

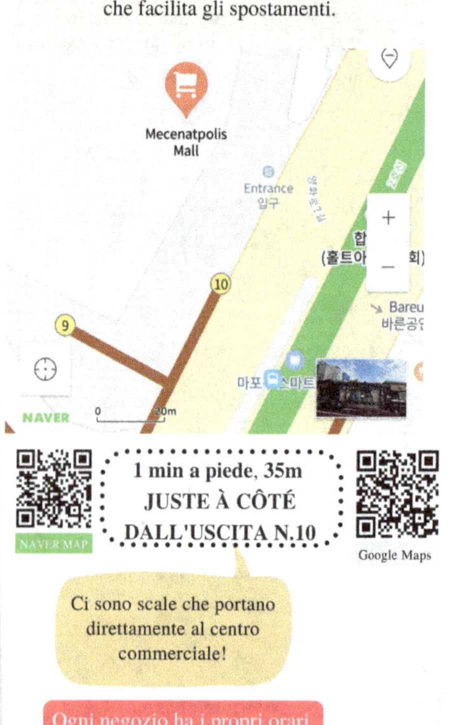

Mecenatpolis Mall
메세나폴리스몰

Mapo-gu, Yanghwa-ro 45
서울 마포구 양화로 45

È un complesso commerciale residenziale e commerciale di 34 piani fuori terra e 7 piani interrati. Nel complesso residenziale sono presenti spazi culturali come il Lotte Cinema e l'Homeplus, vari ristoranti, caffè, centri commerciali e centri d'arte, per cui puoi fare shopping e mangiare comodamente. Anche la metropolitana ha un collegamento diretto, il che facilita gli spostamenti.

NAVER MAP

1 min a piede, 35m
JUSTE À CÔTÉ
DALL'USCITA N.10

Google Maps

Ci sono scale che portano direttamente al centro commerciale!

Ogni negozio ha i propri orari.

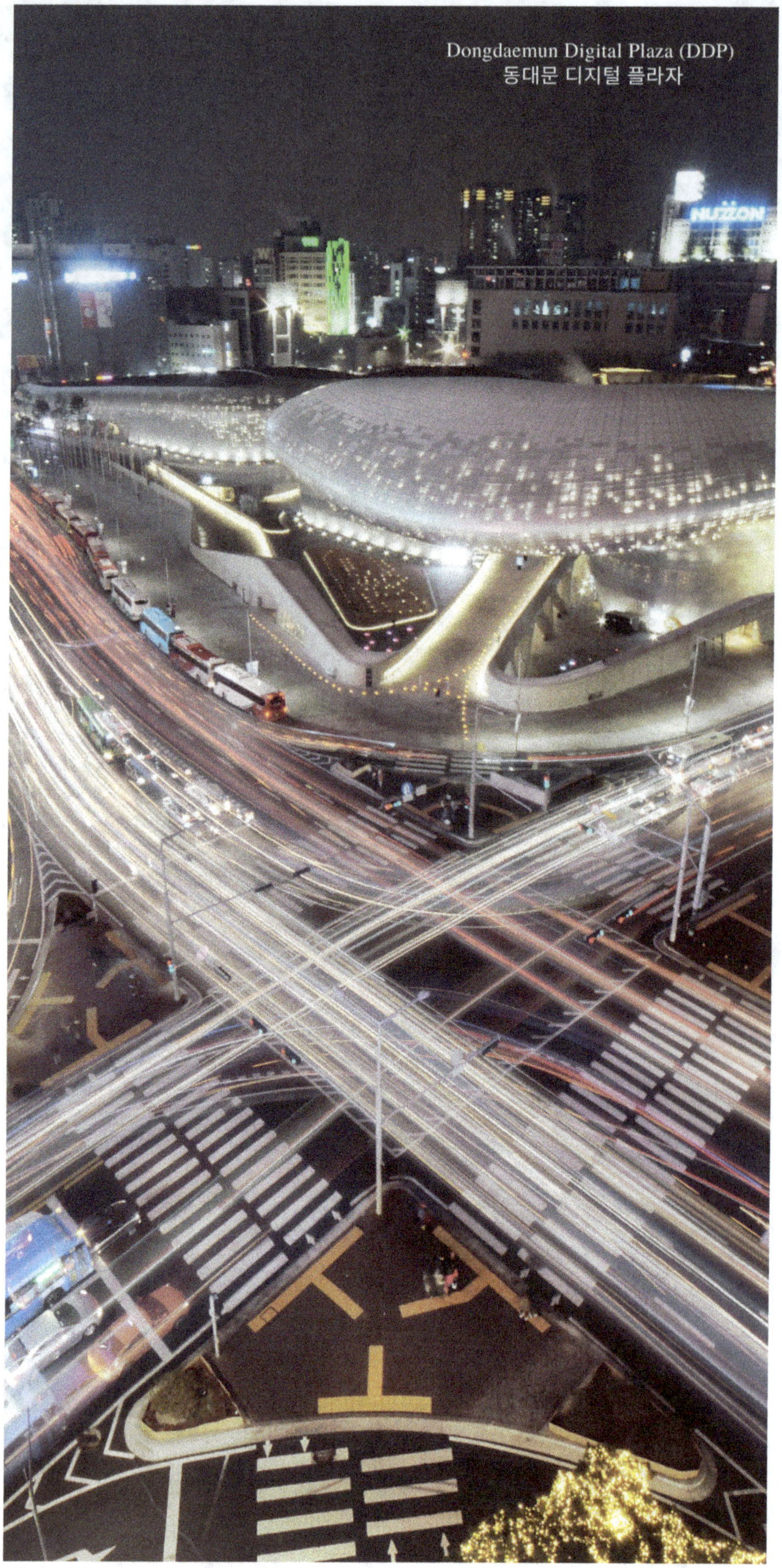
Dongdaemun Digital Plaza (DDP)
동대문 디지털 플라자

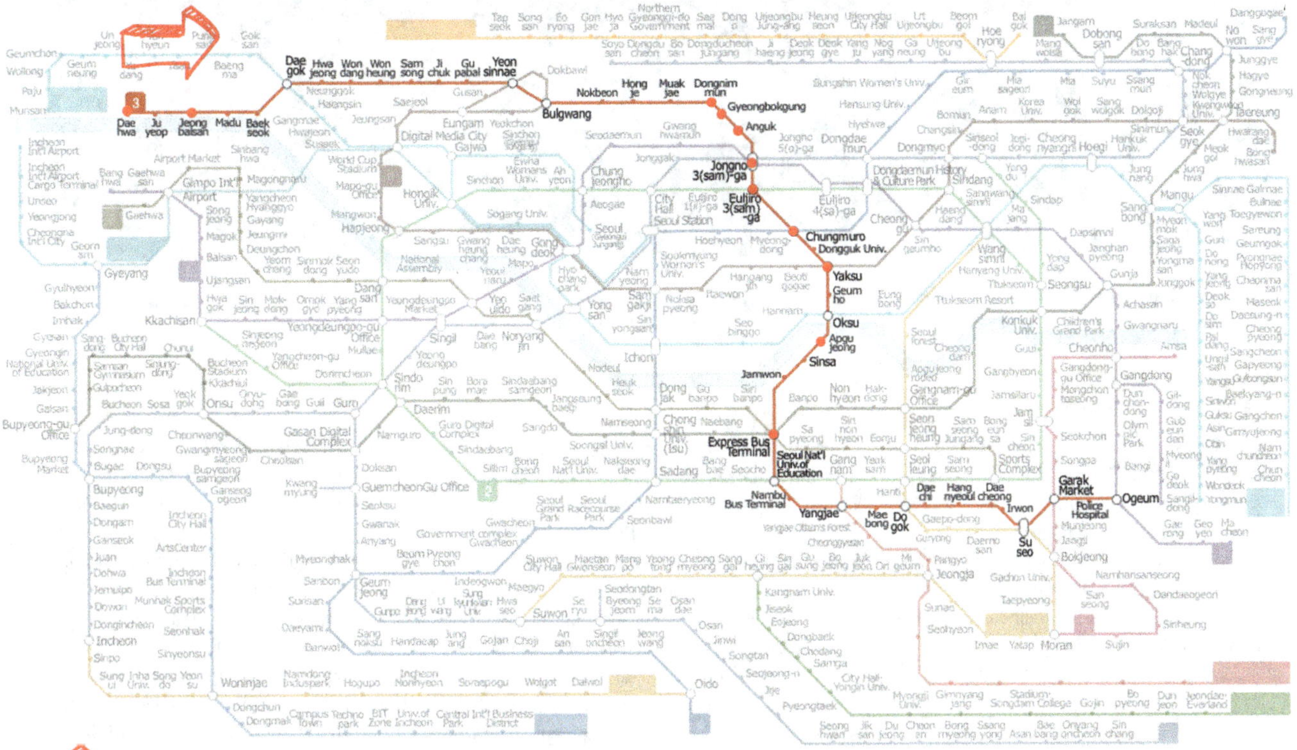

(309) DAEHWA (KINTEX) 대화

- Korea International Exhibition Center (KINTEX) 일산 킨텍스

(311) JEONGBALSAN 정발산

- Parco del Lago Ilsan 일산 호수공원

(326) DONGNIMMUN 독립문

- Prigione di Seodaemun 서대문 형무소
- Porta di Dongnimmun 독립문

- Palazzo Gyeongbokgung 경복궁
- Cheongwadae 청와대

(328) ANGUK 안국

- Museo Folcloristico Nazionale della Corea 국립민속박물관
- Palazzo Changdeokgung 창덕궁
- Palazzo Changgyeonggung 창경궁
- Villaggio Hanok di Bukchon 북촌 한옥마을
- La Strada dei Cafè di Samcheongdong 삼청동 카페 거리
- Insadong Ssamzi Gil (Quartiere Commerciale Artigianale) 인사동 쌈지길

(329)=(534)=(130) JONGNO 3(SAM)-GA 종로 3가

- Parco Tapgol 탑골공원
- Santuario Reale di Jongmyo 종묘
- Galleria di Strumenti Nagwon 낙원악기상가

(330)=(203) EULJIRO 3(SAM)-GA 을지로 3가

- Chiesa Presbiteriana di Youngnak 영락교회

(331)=(423) CHUNGMURO 충무로

- Villaggio Hanok di Namsangol 남산골 한옥 마을

(332) DONGGUK UNIVERSITY 동대입구

- Vicolo Jokbal (Zampone di Maiale al Vapore) 장충동 족발 골목

(336) APGUJEONG 압구정

- K-Star Road 케이스타 로드
- Strada Apgujeong Rodeo 압구정 로데오 거리
- Sinsadong Garosu-gil (Strada) 신사동 가로수길

(339)=(734)=(923) EXPRESS BUS TERMINAL 고속터미널

- GOTO Mall (Complesso Commerciale Sotterraneo del Terminal di Gangnam) 고투몰
- Sevit Seom (Isola Galleggiante) 세빛섬
- Central City 센트럴 시티

- **Nel 2010 ha registrato il secondo più alto consumo di dati WIFI nell'area metropolitana di Seul.**
- **Numero di stazioni: 44**
- **Termini: Daehwa / Ogeum**

(309) DAEHWA (KINTEX) 대화

Korea International Exhibition Center (KINTEX) 일산 킨텍스

Goyang-shi, Ilsanseo-gu, Kintex-ro 217-60
경기 고양시 일산서구 킨텍스로 217-60

Il KINTEX è il più grande centro fieristico e congressuale della Corea e il quarto in Asia per area espositiva. La prima sala espositiva è composta da un piano interrato e due piani terra, mentre la seconda sala espositiva è composta da un piano interrato e 15 piani terra. Sono presenti vari negozi di cibo e bevande e strutture ausiliarie. Si consiglia di informarsi e visitare gli eventi in corso sul sito web.

12 min a piede, 702m dall'USCITA n.2

Google Maps

Consulta il programma dell'evento per conoscere gli orari.

www.kintex.com

(311) JEONGBALSAN 정발산

Parco del Lago Ilsan 일산 호수공원

Goyang-shi, Ilsandong-gu, Hosu-ro 731
경기 고양시 일산동구 호수로 731

Il Parco del Lago di Ilsan è un parco pubblico realizzato nell'ambito del progetto di sviluppo dell'area residenziale Ilsan New Town. È il più grande lago artificiale della Corea che offre ecosistemi non accessibili agli abitanti delle città. Nello specifico, il percorso di 9,1 km, tra cui la pista ciclabile di 4,7 km e la Metasequoia Road che si trova al centro del lago, offre un valore ricreativo. Nel parco è possibile accedere a diverse strutture culturali ecologiche, come un centro di apprendimento ecologico della natura, arte scultorea e una sala espositiva sui cactus. Ogni anno si svolgono la Fiera Internazionale dei Fiori di Goyang, il Festival dei Fiori d'Autunno e il Lake Flowerlight Festival. È un luogo apprezzato anche dai turisti.

9 min a piede, 602m dall'USCITA n.2

Google Maps

APERTO 24 ORE

www.goyang.go.krpark/index.do

(326) DONGNIMMUN 독립문

Prigione di Seodaemun 서대문 형무소

Seodaemun-gu, Tongil-ro 251
서울 서대문구 통일로 251

La prigione di Seodaemun fu costruita alla fine dell'Impero coreano dietro la pressione dell'Impero giapponese e per più di 80 anni è stata un luogo in cui sono rimaste impresse le sofferenze e il risentimento nazionale della storia moderna e contemporanea della Corea. In particolare, è un simbolo dell'impressione che i giapponesi hanno avuto del movimento indipendentista anti-giapponese. La forma originale della prigione di Seodaemun, che incarcerò i patrioti contro l'aggressione giapponese, è stata conservata, per cui è un ottimo luogo in cui puoi onorare il sacrificio dei patrioti coreani e seguire le loro orme.

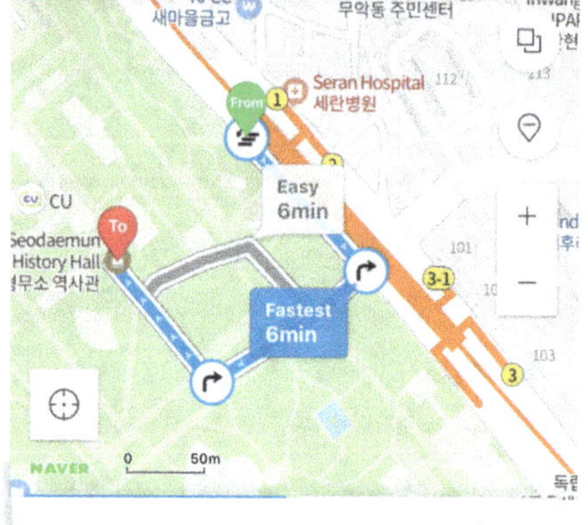

6 min a piede, 250m dall'USCITA n.5

Google Maps

OGNI GIORNO
Mar - Ott 09:30 - 18:00
Nov - Feb 9:30 - 17:00
CHIUSO IL LUNEDÌ
(se una festa nazionale cade di lunedì, è chiuso il giorno successivo).

www.sscmc.or.kr

Porta di Dongnimmun
독립문

Diversamente da quanto si possa pensare, non è stata costruita per commemorare l'indipendenza della Corea dall'occupazione giapponese. Venne invece eretta per infondere uno spirito di indipendenza dal suo status di stato tributario della dinastia Qing. Fu progettato da Seo Jae-pil e modellato sull'Arco di Trionfo di Parigi. Fu costruito da Afanasy Ivanovich Seredin-Sabatin, che costruì anche l'ex legazione russa. Intorno al cancello c'è un parco ben curato, che vanta l'orgoglio della Corea come stato sovrano indipendente.

6 min a piede, 270m
dall'USCITA n.3

APERTO 24 ORE

Palazzo Gyeongbokgung
경복궁

Trattieni il fiato mentre la massima espressione dell'arte e della costruzione della dinastia Joseon si presenta davanti ai tuoi occhi. Il palazzo, il cui nome significa "felice benedizione", fu costruito nel 1395 ed è il più grande palazzo della dinastia Joseon tuttora esistente, oltre ad essere considerato il più bello. Viene comunemente chiamato Palazzo del Nord per via della sua posizione nella parte più settentrionale di Seul. Fu distrutto da un incendio durante la Guerra di Imjin contro il Giappone, ma in seguito fu restaurato.

3 min a piede, 100m
dall'USCITA n.5

OGNI GIORNO
9:00 - 18:00
(ultimo ingresso alle 17:00)
Da settembre a novembre
Ingresso notturno 19:00-21:30
(Consulta la home page prima di fare una visita)
(se una festa nazionale cade di lunedì, è chiuso il giorno successivo)

www.royalpalace.go.kr

Cheongwadae
청와대

Conosciuta anche come "Casa Blu" per via delle sue tipiche piastrelle blu, è stata l'ufficio e la residenza ufficiale del presidente sudcoreano fino al 2022, ma ora è completamente aperta al pubblico. Si tratta di un complesso di edifici costruito sul sito del giardino reale della dinastia Joseon e si estende per circa 62 acri. Con la cornice mozzafiato del monte Bugaksan, visitare questo luogo è un'esperienza unica che puoi fare in Corea. Assicurati di visitare la homepage per registrarti e conoscere il programma.

24 min a piede, 1.4km
dall'USCITA n.3

Visita la home page per le ultime informazioni.

Google Maps

reserve.opencheongwadae.kr

la pagina di prenotazione è disponibile solo in coreano. Potrebbe essere necessario utilizzare la funzione di traduzione del tuo browser

Museo Folcloristico Nazionale della Corea 국립민속박물관

Jongno-gu, Samcheong-ro 37
서울 종로구 삼청로 37

Comodamente situato all'interno del Palazzo Gyeongbokgung, è stato istituito dal governo degli Stati Uniti ed è stato inaugurato nel 1946. Dopo la fusione con il Museo Nazionale della Corea, i suoi 4.555 manufatti furono trasferiti sul monte Namsan. Nel 1993 fu inaugurato nella sede attuale. Il Museo, con oltre 98.000 manufatti, ripercorre la storia della vita tradizionale della gente comune coreana. Se visiti Gyeongbokgung, non puoi non dedicare del tempo a questo museo unico nel suo genere. Crea un netto contrasto tra la vita dei reali e quella della gente comune.

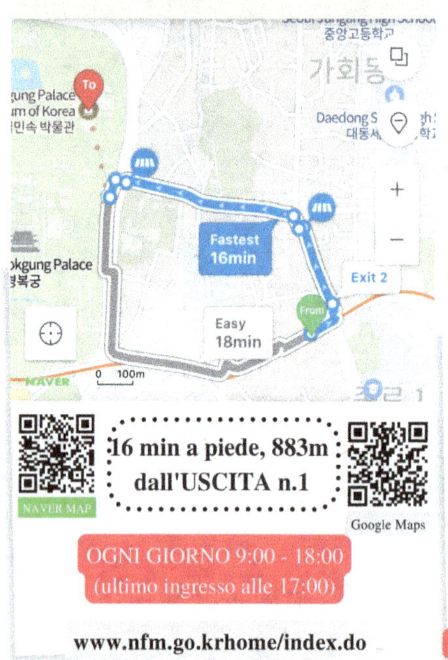

16 min a piede, 883m dall'USCITA n.1

Google Maps

OGNI GIORNO 9:00 - 18:00 (ultimo ingresso alle 17:00)

www.nfm.go.kr/home/index.do

Palazzo Changdeokggung 창덕궁

Jongno-gu Yulgok-ro 99
서울 종로구 율곡로 99

PATRIMONIO MONDIALE DELL'UNESCO - Il suo nome significa "virtù prospera" e custodisce molti elementi dei Tre Regni di Corea, caratterizzandosi per il suo stile rispetto al vicino e più contemporaneo Palazzo di Gyeongbokgung. Era la costruzione più amata da molti principi della dinastia Joseon, ma solo il 30% circa degli edifici originali è rimasto oggi, poiché il resto è stato gravemente danneggiato durante l'occupazione giapponese. È disponibile una visita guidata. Controlla la homepage prima di visitarlo. Assicurati di visitare il Giardino Posteriore 후원 (Huwon), che si collega al Palazzo Changgyeonggung.

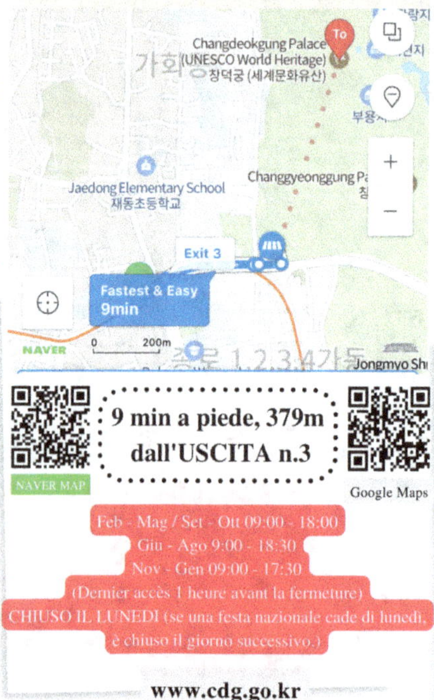

9 min a piede, 379m dall'USCITA n.3

Google Maps

**Feb - Mag / Set - Ott 09:00 - 18:00
Giu - Ago 9:00 - 18:30
Nov - Gen 09:00 - 17:30
(Dernier accès 1 heure avant la fermeture)
CHIUSO IL LUNEDI (se una festa nazionale cade di lunedi, è chiuso il giorno successivo.)**

www.cdg.go.kr

Palazzo Changgyeonggung 창경궁

Jongno-gu Changgyeonggung-ro 185
서울 종로구 창경궁로 185

Il suo nome significa "gioia fiorente" e fu costruito nel 1483 come uno dei "palazzi orientali" insieme al Palazzo Changdeok, perché si trovavano a est del Palazzo Gyeongbok. Fu costruito dal re Sejong per suo padre Taejong. Durante l'occupazione giapponese, furono costruiti uno zoo, un giardino botanico e un museo proprio nel complesso del palazzo. Fu considerato un tentativo di minare simbolicamente lo status reale della dinastia. Furono rimossi nel 1984. È più piccolo rispetto agli altri palazzi di Seul, ma i bellissimi giardini compensano ampiamente questa mancanza. C'è una passeggiata molto rilassante attraverso il parco. *Puoi partire dal Palazzo Changdeokgung e passare per il Giardino Posteriore 후원 (Huwon).

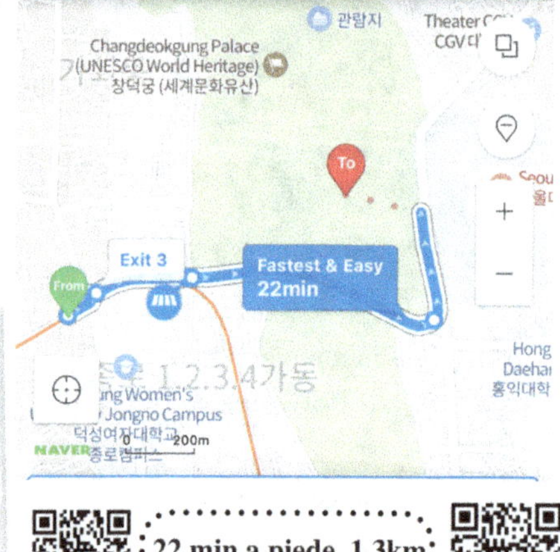

22 min a piede, 1.3km dall'USCITA n.3

Google Maps

**OGNI GIORNO 9:00 - 21:00
CHIUSO IL LUNEDI**

cgg.cha.go.kr

Villaggio Hanok di Bukchon
북촌 한옥마을

Jongno-gu, Gahoe-dong 31-48
서울 종로구 가회동 31-48

È chiamato anche Yangbanchon ("Villaggio dei Nobili") perché la maggior parte di queste case di alto livello erano abitate da reali, aristocratici e burocrati durante la dinastia Joseon. Nel 2001, il governo metropolitano di Seul ha condotto il Bukchon Conservation Project per migliorare l'hanok e il paesaggio circostante e nel 2009 ha ricevuto il premio per l'eccellenza del patrimonio dell'Asia-Pacifico dell'UNESCO. È il luogo in cui puoi percepire l'essenza della cultura tradizionale coreana a Seul e ancora oggi i residenti vivono e preservano il villaggio. Qui si possono ammirare la Montagna Bukaksan a nord e la Montagna Namsan a sud, che offrono una vista eccellente. Cammina tra i vicoli a labirinto e respira la bellezza degli hanok tradizionali.

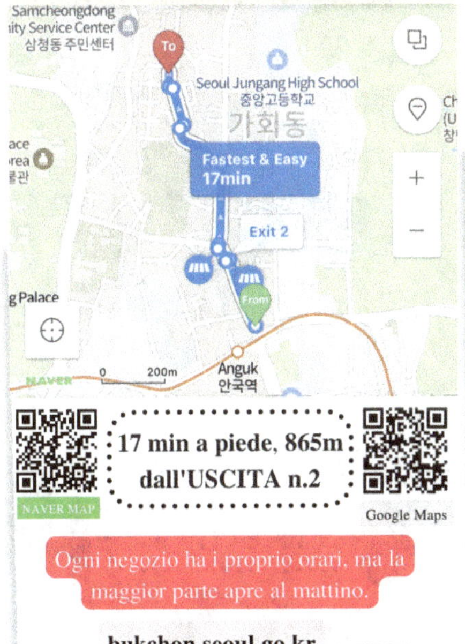

17 min a piede, 865m
dall'USCITA n.2

Google Maps

Ogni negozio ha i proprio orari, ma la maggior parte apre al mattino.

bukchon.seoul.go.kr

La Strada dei Cafè di Samcheongdong
삼청동 카페 거리

Jongno-gu, Samcheong-ro 102
서울 종로구 삼청로 102

Se ti rechi al Palazzo Gyeongbokgung di Seul, potrai vivere un'esperienza memorabile se fai una passeggiata e dai un'occhiata a Samcheongdong-gil Street sul retro. La via Samcheongdong-gil è piuttosto elegante e trafficata, con negozi e café molto affollati. Le strade e i negozi di caffè sono concentrati ed è uno dei luoghi di ritrovo più amati della Corea. Puoi vedere molti edifici hanok e persone che salgono e scendono dagli autobus del villaggio alla stazione. È anche una delle attrazioni turistiche più popolari tra gli stranieri.

19 min a piede, 1.1km
dall'USCITA n.2

Google Maps

Ogni negozio ha i proprio orari, ma la maggior parte apre al mattino.

Insadong Ssamzi Gil (Quartiere Commerciale Artigianale) 인사동 쌈지길

Jongno-gu Insadong-gil 44
서울 종로구 인사동길 44

Qui il passato si incontra con il presente. È uno dei luoghi preferiti dai turisti per lo shopping di oggetti antichi/tradizionali. Lungo la strada principale ci sono tantissimi negozi, gallerie, ristoranti tradizionali e case da tè. Molte gallerie sono specializzate in dipinti e sculture tradizionali coreane. Anche solo "guardare le vetrine" nei vicoli è un'esperienza divertente. Uno dei posti migliori per acquistare souvenir. Molte gallerie d'arte da apprezzare. Dopo il tramonto, però, non c'è molto da fare.

9 min a piede, 304m
dall'USCITA n.6

Google Maps

OGNI GIORNO 10:30 - 20:30
Chiuso su Seollal e Chuseok

Parco Tapgol
탑골공원

5 min a piede, 338m dall'USCITA n.1

Santuario Reale di Jongmyo
종묘

3 min a piede, 299m dall'USCITA n.11

Galleria di Strumenti Nagwon
낙원악기상가

2 min a piede, 146m dall'USCITA n.5

Questi posti sono già stati presentati nelle pagine precedenti.

Chiesa Presbiteriana di Youngnak
영락교회

8 min a piede, 324m dall'USCITA n.6

Questo posto è già stato presentato nelle pagine precedenti.

Villaggio Hanok di Namsangol
남산골 한옥 마을

Jung-gu, Toegye-ro 34-gil 28
서울 중구 퇴계로34길 28

Questo villaggio era il luogo di una nota località estiva dell'epoca Joseon, considerata una delle 5 zone più belle di Seul. È costituito da un giardino tradizionale coreano, con un ruscello che scorre e un padiglione che riproduce l'atmosfera del passato. Ci sono 5 case coreane tradizionali restaurate, o hanok, un padiglione e un laghetto. Ci sono molte attività come il neolttwigi (salto con l'altalena), il tuho (lancio di frecce) e lo yutnori (gioco da tavolo tradizionale). Si può partecipare gratuitamente. Nei fine settimana, presso la residenza di Bak Yeong Hyo si tiene una rievocazione della cerimonia di matrimonio tradizionale. Nel complesso, si tratta di una collezione di architettura tradizionale che offre uno spaccato della cultura coreana.

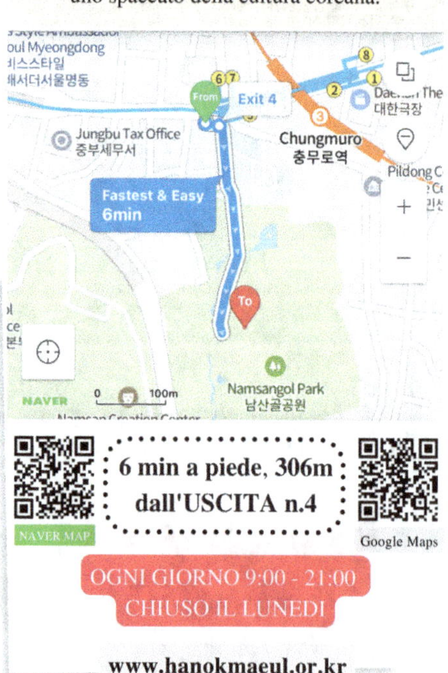

6 min a piede, 306m dall'USCITA n.4

NAVER MAP   Google Maps

OGNI GIORNO 9:00 - 21:00
CHIUSO IL LUNEDI

www.hanokmaeul.or.kr

Vicolo Jokbal (Zampone di Maiale al Vapore) 장충동 족발 골목

Jung-gu, Jangchungdan-ro 174
서울 중구 장충단로 174

Simile allo Zampone, al Crubeens (irlandese), al Pied de cochon (francese) il jokbal è l'interpretazione coreana dello zampone di maiale, cucinato con salsa di soia e spezie. È il cibo preferito dai coreani da abbinare al soju. È popolare anche tra le ragazze perché è ricco di collagene che si ritiene possa migliorare la consistenza della pelle. Tra i ragazzi è popolare perché è noto per la sua efficacia nel prevenire i postumi della sbornia. L'intero vicolo è pieno di ristoranti che servono piatti a base di jokbal.

3 min a piede, 172m dall'USCITA n.2

Ogni negozio ha i proprio orari, ma la maggior parte apre al mattino.

K-Star Road
케이스타 로드

Gangnam-gu, Apgujeong-ro 394
서울 강남구 압구정동 394

Non esageriamo se diciamo che Gangnam, che ha attirato l'attenzione mondiale con "Gangnam Style" di Psy, è l'origine della cultura Hallyu. Gangnam è stata una regione che ha fatto tendenza in Corea, dove si concentrano più della metà delle agenzie di spettacolo coreane e dove sono nate molte star dell'Hallyu. La K-Star Road è stata costruita di recente a Cheongdam-dong per commemorare questo fatto. Lungo la strada puoi incontrare una serie di Gangnam Dols, una parola portmanteau per "Gangnam" e "idol" e "doll", perché ci sono 17 statue a forma di orso di dimensioni umane con le immagini simboliche delle star, tra cui i BTS, i Super Junior, gli EXO e le Girls' Generation. Proseguendo, passerai anche davanti all'area in cui si concentrano le agenzie di intrattenimento K-pop, come JYP Entertainment e Cube Entertainment.

26 min a piede, 1.3km dall'USCITA n.1

APERTO 24 ORE

Strada Apgujeong Rodeo
압구정 로데오 거리

Gangnam-gu, Apgujeong-ro 46-gil 30
서울 강남구 압구정로 46길 30

Agli inizi degli anni '90 era il centro della moda e il punto d'incontro delle giovani generazioni che volevano rompere con il rigore e i valori della vecchia generazione. In passato era famosa per i figli di famiglie ricche che guidavano auto importate e indossavano abiti di marca di alto livello, come Beverly Hills Rodeo Street, ma ora è diventata un luogo che rappresenta varie culture giovanili e tendenze high-tech. Qui puoi trovare negozi di marchi di lusso, negozi di abbigliamento a marchio privato e negozi di scarpe. Inoltre, abbondano i negozi di dermatologia, chirurgia plastica e parrucchieri. Ci sono anche molti ristoranti e attrazioni che si sono diffusi grazie al passaparola tra i giovani, quindi ci sono molte opzioni per deliziare il tuo palato.

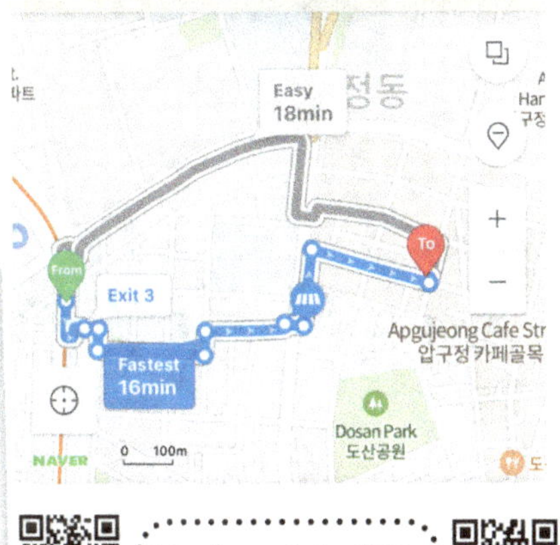

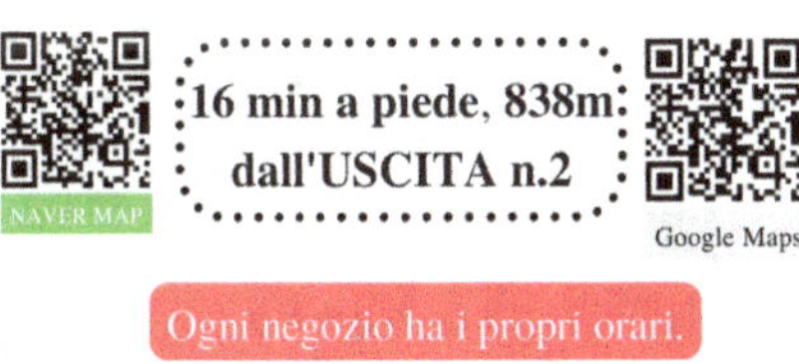

16 min a piede, 838m dall'USCITA n.2

Ogni negozio ha i propri orari.

Sinsadong Garosu-gil (Strada) 신사동 가로수길

Gangnam-gu, Apgujeong-ro 126
서울 강남구 압구정로 126

Garosu-gil è stato il quartiere più gettonato di Seul negli ultimi anni. Un tempo qui si concentravano le gallerie e i negozi di design. In passato, le case cinematografiche si susseguivano, così come i commercianti di quadri. Per questo motivo ci sono molti vecchi negozi tra i vicoli. Naturalmente, oggi vanno di moda i negozi di moda su strada. Se hai un negozio preferito da visitare durante una passeggiata, puoi entrare e curiosare. Puoi trovare anche graziosi cafè e ristoranti.

12 min a piede, 553m
dall'USCITA n.5

Ogni negozio ha i propri orari.

GOTO Mall (Complesso Commerciale Sotterraneo del Terminal di Gangnam) 고투몰

Seocho-gu, Shinbanpo-ro 200
서울 서초구 신반포로 200

Il Goto Mall è il più grande centro commerciale sotterraneo di Gangnam, e si trova nel piano interrato del Gangnam Express Bus Terminal. Vende una varietà di articoli che surclassano i grandi magazzini, come abbigliamento, cosmetici, accessori, complementi d'arredo, artigianato e fiori. Intorno alla stazione Gangnam Express Terminal si trovano strutture culturali e ricettive come i grandi magazzini Shinsegae, Shinsegae Central City, JW Marriott Hotel e Seul Arts Center. Lo shopping è possibile indipendentemente dalle condizioni atmosferiche e la metropolitana è collegata, il che consente di spostarsi facilmente ovunque.

3 min a piede, 140m
dall'USCITA n.8-1

OGNI GIORNO 10:00 - 22:00

gotomall.kr

Sevit Seom (Isola Galleggiante) 세빛섬

Seocho-gu, Ollimpik-daero 2085-14
서울 서초구 올림픽대로 2085-14

Sevit Seom(Isola Galleggiante), che illumina splendidamente il fiume Han, è composta da un totale di quattro isole artificiali con sale per matrimoni, ristoranti italiani, buffet e café ed è utilizzata come spazio per yacht, barche tubolari e varie mostre, spettacoli ed eventi. Vantando una fantastica vista notturna in cui luci LED colorate e bellissime si armonizzano con il fiume Han, è uno dei luoghi notturni più visitati di Seul e un luogo di riprese per diversi drammi e film. Non dimenticare di scattare foto nei vari "punti fotografici", come le convention FIC, i ponti all'aperto e gli osservatori sui tetti.

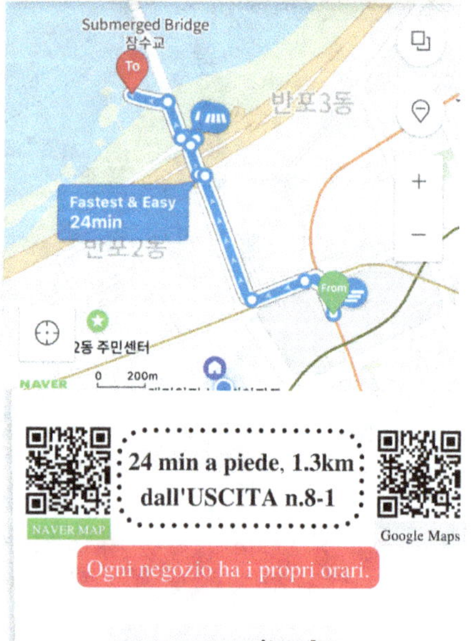

24 min a piede, 1.3km
dall'USCITA n.8-1

Ogni negozio ha i propri orari.

www.somesevit.co.kr

Central City
센트럴 시티

Seocho-gu, Shinbanpo-ro 176
서울 서초구 신반포로 176

É un mega-complesso con hotel JW Marriot, terminal degli autobus express, linee della metropolitana no. 3, 7, 9, i grandi magazzini Shinsegae, il cinema Megabox, una libreria e la stazione Famille che offre numerosi ristoranti tra cui scegliere. È uno dei punti più frequentati di Seul, che significa anche tante cose da fare e da vedere. I negozi sotterranei sono il luogo ideale per trovare offerte vantaggiose e occasioni.

1 min a piede, 50m dall'USCITA n.3

Famille Station (Ristoranti) 10:00 – 22:00
Express Bus Terminal 5:00 – 1:00
Grandi magazzini Shinsegae 10:00 – 20:00
Megabox (Cinema) 7:00 – 3:00

www.shinsegaecentralcity.com

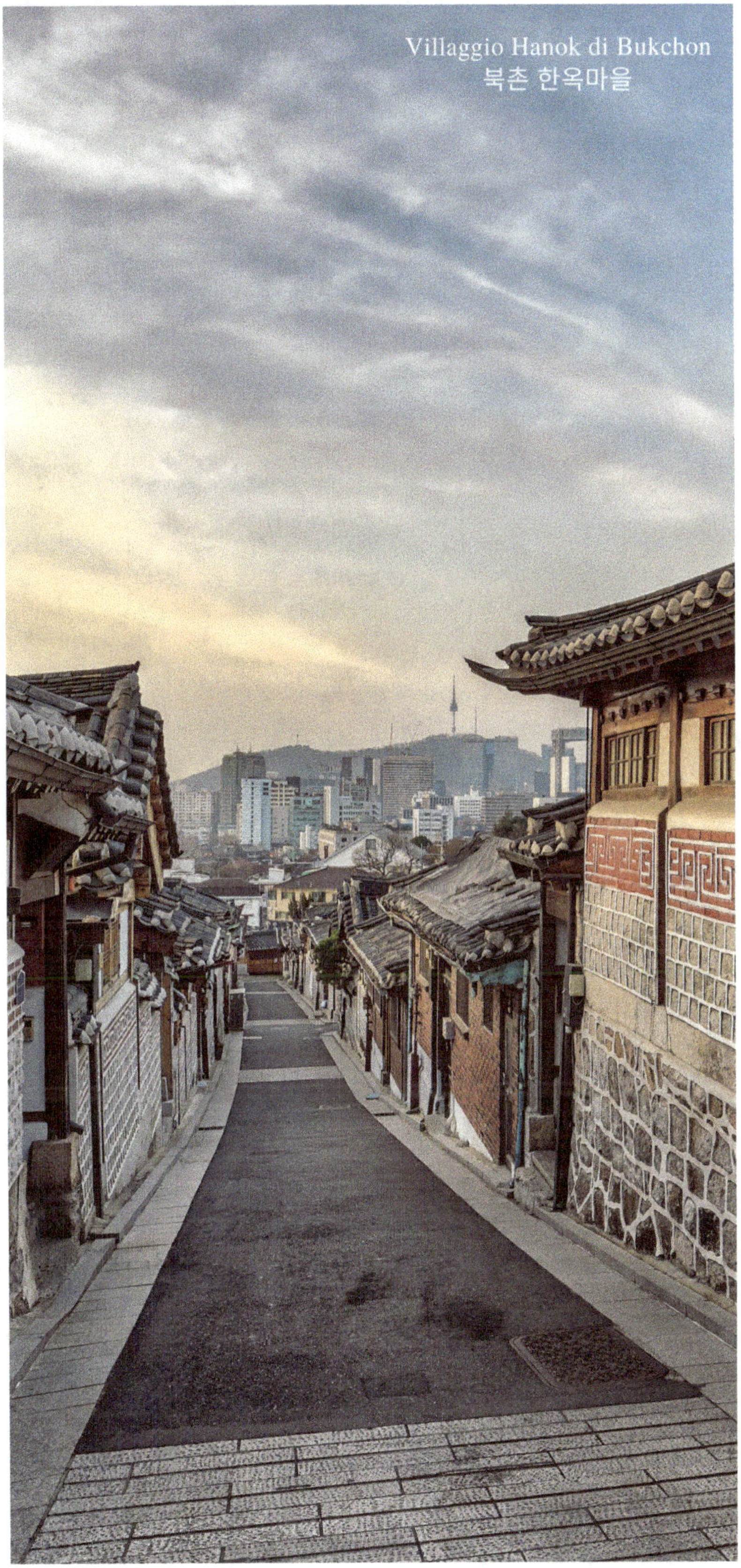

Villaggio Hanok di Bukchon
북촌 한옥마을

LINEA #4 사호선 sa-ho-seon

4

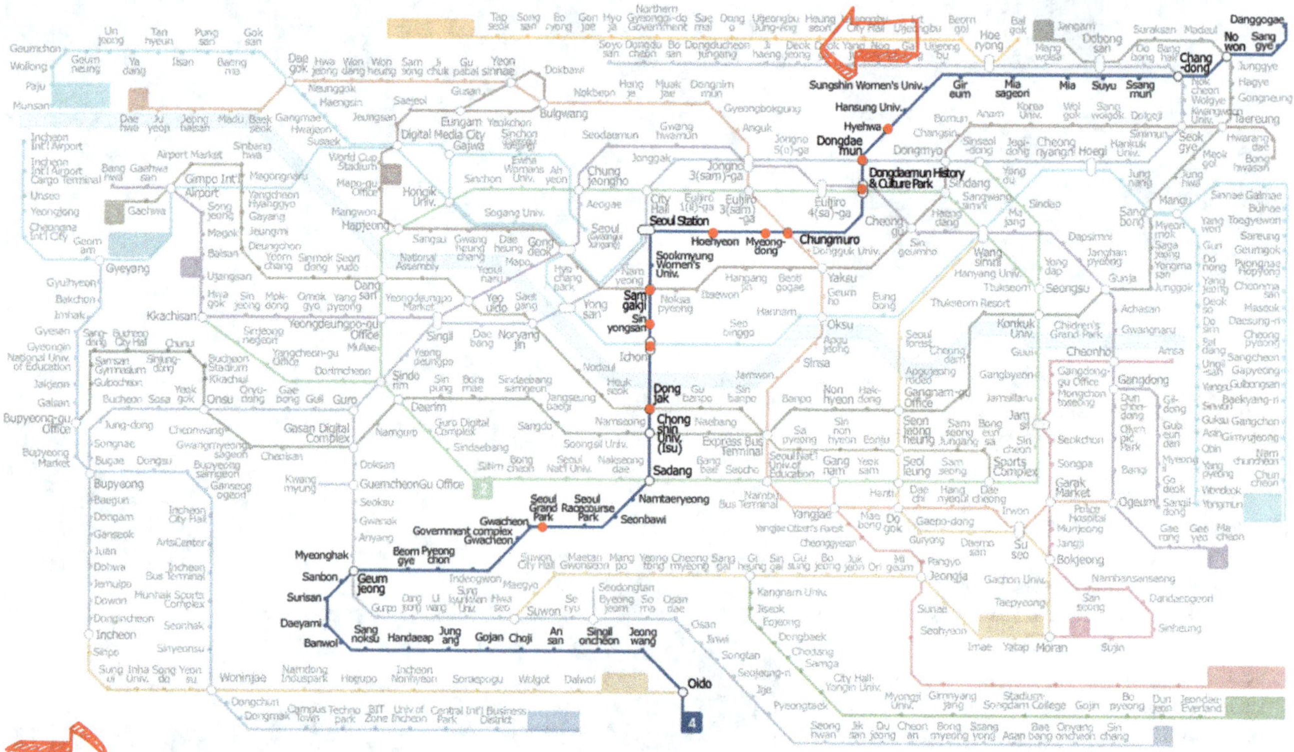

(420) HYEHWA 혜화

- Parco Marronnier
  마로니에공원

(421)=(128) DONGDAEMUN 동대문

- Parco Heunginjimun 흥인지문 공원
- Dongdaemun/Heunginjimun 동대문/흥인지문
- Cheonggyecheon 청계천

(423)=(331) CHUNGMURO 충무로

- Villaggio Hanok di Namsangol
  남산골 한옥 마을

(424) MYEONGDONG 명동

- Myeongdong 명동
- Cattedrale Cattolica di Myeongdong
  명동 성당
- Biglietteria della Funivia della Torre di Seul di Namsan
  남산 서울타워 케이블카 매표소

(425) HOEHYEON 회현

- Mercato di Namdaemun 남대문 시장
- Porta di Namdaemun 남대문

(428)=(628) SAMGAKJI 삼각지

- Monumento ai Caduti 전쟁기념관

(429) SINYONGSAN 신용산

- Amore Pacific Museum of Art
  아모레퍼시픽미술관

(430) ICHON 이촌

- Il Museo Nazionale della Corea 국립중앙박물관

(431)=(920) DONGJAK 동작

- Cimitero Nazionale 국립 서울 현충원

(437) GROSSER PARK VON SEOUL 대공원

- Grande Parco di Seul 서울대공원

- **Questa linea collega il nord e il sud di Seul**
- **Numero di stazioni: 48**
- **Termini: Danggogae / Oido**

Parco Marronnier
마로니에공원

Jongno-gu Daehak-ro 104
서울 종로구 대학로 104

Situato in via Daehangno (College), è sempre carico di energia e ispirazione. Nei fine settimana può essere particolarmente affollato. Il parco prende il nome dal suo simbolico albero di marronnier (ippocastano) e offre numerosi centri culturali all'aperto, mostre e centri d'arte (per questo è conosciuto come la "Mecca delle opere teatrali"), che hanno iniziato a svilupparsi nel 1975, quando l'Università Nazionale di Seul si è trasferita in questo luogo. Da allora, sono sorti piccoli teatri e caffè che lo hanno reso un luogo popolare per incontri e relax. Bande, cantanti, gruppi di danza e comici mostrano il loro talento.

1 min a piede, 93m dall'USCITA n.2

Google Maps

APERTO 24 ORE

---

(421)=(128) DONGDAEMUN 동대문

Parco Heunginjimun
흥인지문 공원

4 min a piede, 235m dall'USCITA n.1

Dongdaemun/Heunginjimun
동대문/흥인지문

4 min a piede, 235m dall'USCITA n.1

Cheonggyecheon
청계천

3 min a piede, 155m dall'USCITA n.6

Questo posto è già stato presentato nelle pagine precedenti.

---

(423)=(331) CHUNGMURO 충무로

Villaggio Hanok di Namsangol
남산골 한옥 마을

6 min a piede, 306m dall'USCITA n.4

Questo posto è già stato presentato nelle pagine precedenti.

Myeongdong
명동

Myeongdong, che richiama circa 2 milioni di persone al giorno, è considerata la "destinazione turistica numero 1 in Corea" e può essere definita il "paradiso dello shopping". Qui si possono trovare una varietà di articoli di difficile reperimento, dai marchi di lusso ai cosmetici e ai souvenir. Grazie a questo, è diventato da tempo una tappa imprescindibile per i viaggiatori stranieri che visitano Seul. La maggior parte dei negozi ha personale che parla lingue straniere. Un giorno potrebbe non essere sufficiente per visitare le vie dello shopping di Myeongdong, che comprendono grandi centri commerciali, grandi magazzini, ristoranti e caffè e venditori ambulanti. Per questo motivo molti acquirenti visitano questo luogo più di una volta. Durante il giorno il traffico è limitato ai turisti e ai pedoni, quindi puoi guardarti intorno comodamente. Nella vicina Dongdaemun c'è un centro commerciale altrettanto valido di Myeongdong, quindi sarebbe meglio visitarlo insieme.

9 min a piede, 231m
dall'USCITA n.6

6 min a piede, 231m
dall'USCITA n.6

Google Maps

Ogni negozio ha i propri orari.

Cattedrale Cattolica di Myeongdong
명동 성당

Situata nel centro di Seul, è il luogo di nascita della comunità della Chiesa Cattolica Romana in Corea. L'edificio principale è alto 23 metri e il campanile si eleva di ben 45 metri. Con la cerimonia di posa della prima pietra da parte dell'imperatore Gojong, fu costruito nel 1892 con 20 diversi tipi di mattoni rossi e grigi cotti localmente. Il costo dell'opera è stato di circa 60.000 dollari USA, finanziati dalla Società delle Missioni Estere di Parigi. La messa in inglese è disponibile ogni domenica alle 9:00.

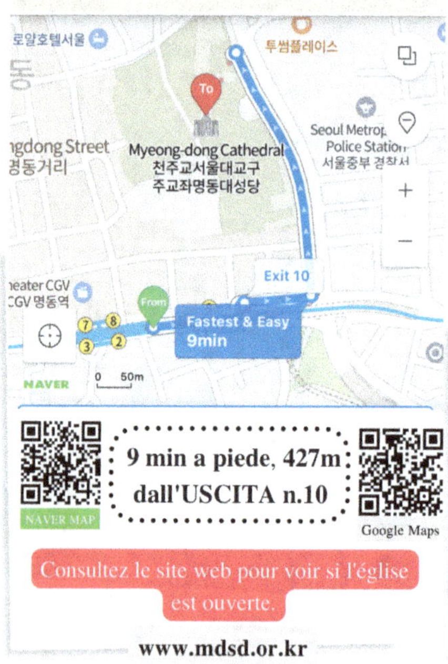

9 min a piede, 427m
dall'USCITA n.10

Google Maps

Consultez le site web pour voir si l'église est ouverte.

www.mdsd.or.kr

Biglietteria della Funivia della Torre di Seul di Namsan
남산 서울타워 케이블카 매표소

La torre si è affermata come "isola romantica" nel centro della città. È una torre alta 236,7 metri situata in cima al monte Namsan (262 metri), che da tempo è noto come luogo di eterno romanticismo. Vanta la migliore vista di Seul da 480 metri di altezza. È un simbolo di Seul, che è stata classificata come l'attrazione turistica numero 1 scelta dagli stranieri e un "luogo sacro" per le coppie di tutto il mondo che sognano l'amore eterno. I "lucchetti dell'amore" e la "sedia del cuore" per le coppie sono molto popolari. Inoltre, assicurati di dare un'occhiata alla toilette più alta di Seul, che si trova al secondo piano dell'osservatorio.

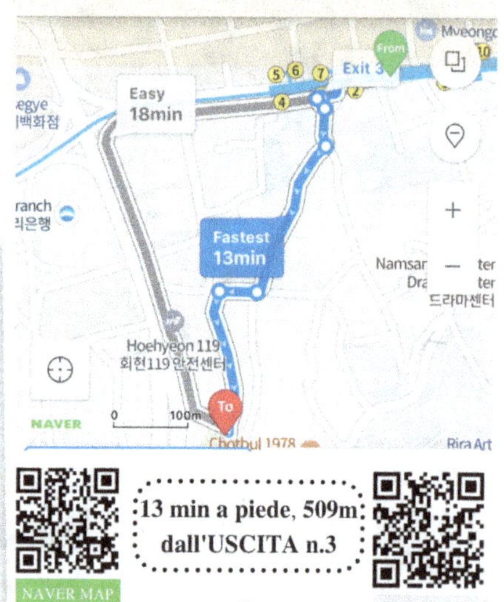

13 min a piede, 509m
dall'USCITA n.3

Google Maps

OGNI GIORNO 10:00 - 23:00

www.cablecar.co.kr

Mercato di Namdaemun
남대문 시장

Jung-gu, Namdaemunshijang 4-gil 21
서울 중구 남대문시장4길 21

È il più grande mercato tradizionale della Corea, nonché enorme spazio di distribuzione visitato da 500.000 persone ogni giorno. Riveste il ruolo di centro della città fin dalla metà della dinastia Joseon e offre ai visitatori tantissimi prodotti, come testimonia la sua lunga storia. Puoi trovare tutti i tipi di abbigliamento per adulti in luoghi come Queen Plaza e Jangti Moa. I negozi di abbigliamento per bambini sono abbastanza grandi da rappresentare l'80% del mercato nazionale di abbigliamento per bambini. Inoltre, ci sono negozi che vendono utensili da cucina, prodotti agricoli e marini, prodotti di uso quotidiano e prodotti importati. La maggior parte dei prodotti commercializzati qui sono fabbricati, prodotti e venduti dai commercianti. Sono famosi anche i ristoranti che si trovano nei vicoli che hanno accompagnato la storia del mercato: il menù più famoso è quello del pesce tagliato brasato.
C'è molto da vedere, mangiare e divertirsi.

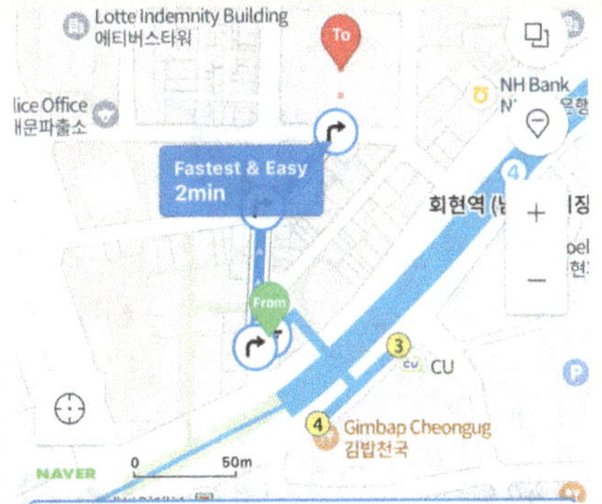

2 min a piede, 116m
dall'USCITA n.5

Ogni negozio ha i propri orari.

www.namdaemunmarket.co.kr

Porta di Namdaemun
남대문

Jung-gu, Sejong-daero 40
서울 중구 세종대로 40

Conosciuta ufficialmente come Sungnyemun, è il tesoro nazionale n. 1 della Corea ed è una delle 8 porte del muro della fortezza della dinastia Joseon che cingeva la città di Seul. Fu costruita per la prima volta nell'ultimo anno del re Taejo nel 1398 e ricostruita nel 1447. La differenza più significativa di questo cancello è la tavola che riporta il suo nome scritto in verticale, mentre gli altri cancelli lo riportano in orizzontale. Il cancello a pagoda in legno in cima è stato distrutto da un incendio nel 2008 ed è stato restaurato nel 2013. È un cancello maestoso nel centro di Seul che merita una breve sosta, soprattutto se ti trovi nella zona del mercato di Myeong-dong o Namdaemun.

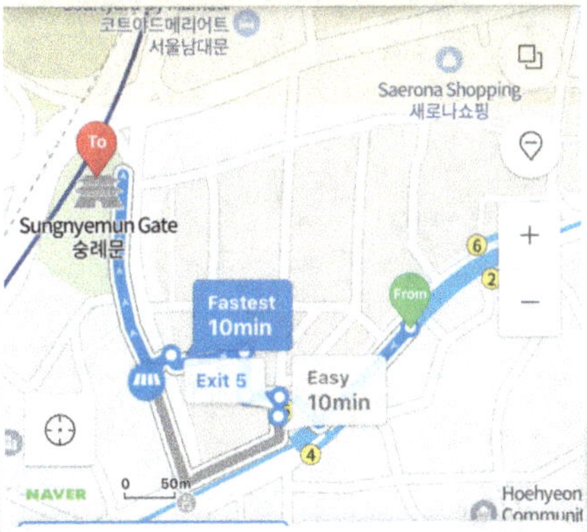

10 min a piede, 363m
dall'USCITA n.5

APERTO 24 ORE

Google Maps

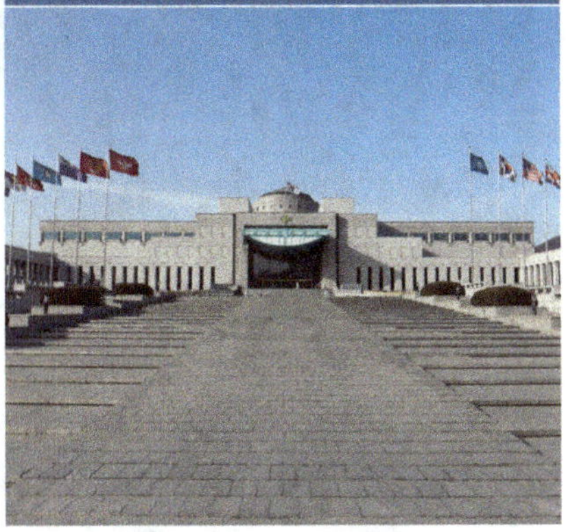

Monumento ai Caduti
전쟁기념관

Yongsan-gu, Itaewon-ro 29
서울 용산구 이태원로 29

È stato costruito dalla War Memorial Service Korea Society nel 1994 per ricordare il sacrificio degli eroi caduti nella guerra di Corea (1950-1953). Questo enorme museo ospita oltre 33.000 manufatti, di cui circa 10.000 sono esposti in cinque sale interne ed esterne: Sala delle Forze di Spedizione, Sala del Memoriale Patriottico, Sala della Storia della Guerra, Sala della Guerra di Corea, Sala dello Sviluppo e Sala dei Grandi Macchinari. Si tratta di un museo enorme e ben congegnato, con mostre straordinarie che ricostruiscono il capitolo più tragico e importante della storia coreana. Il tutto gratuitamente.

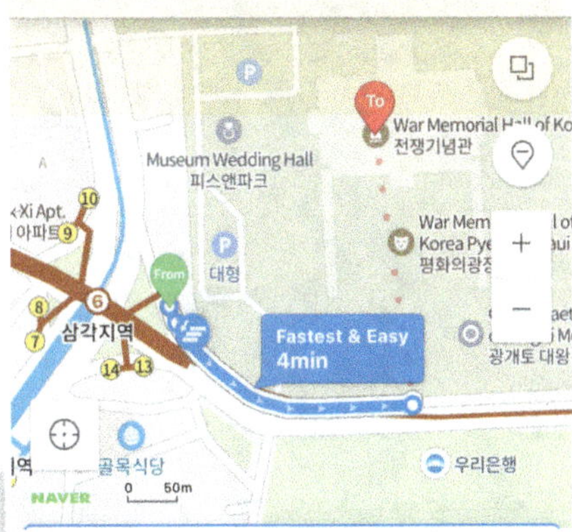

4 min a piede, 262m
dall'USCITA n.12

OGNI GIORNO 9:30 - 18:00
CHIUSO IL LUNEDI (se una festa nazionale cade di lunedì, è chiuso il giorno successivo)

www.warmemo.or.kr

Google Maps

Amore Pacific Museum of Art
아모레퍼시픽미술관

Yongsan-gu Hangang-daero 100
서울 용산구 한강대로 100

L'Amore Pacific Museum of Art è un museo d'arte inaugurato di recente presso la nuova sede di Amore Pacific a Yongsan, con lo scopo di diventare uno "spazio aperto per scoprire la bellezza nella vita quotidiana" e per comunicare con il pubblico. Nella sala espositiva al primo piano del seminterrato si tengono varie mostre programmate, che spaziano dall'arte antica, all'arte contemporanea e all'arte coreana. Al primo piano dell'ampio "Atrium", che si estende dal primo al terzo piano fuori terra, si trovano la hall del museo d'arte, il negozio del museo, lo spazio espositivo "APMA cabinet" e la biblioteca espositiva (apLAP).

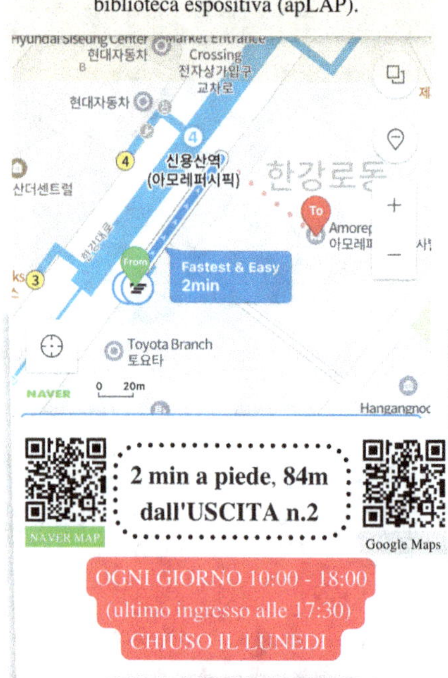

2 min a piede, 84m dall'USCITA n.2

OGNI GIORNO 10:00 - 18:00
(ultimo ingresso alle 17:30)
CHIUSO IL LUNEDI

apma.amorepacific.com

Il Museo Nazionale della Corea
국립중앙박물관

Yongsan-gu, Seobinggo-ro 137
서울 용산구 서빙고로 137

Il Museo Nazionale della Corea, dove dimora l'essenza della storia e della cultura coreana, è il patrimonio più caro della Corea. Grazie alle mostre e all'educazione, racconta la storia di 420.000 collezioni con migliaia di anni di storia, che vanno dalle semplici asce a mano del Paleolitico alla colorata corona d'oro del periodo dei Tre Regni, al celadon della dinastia Goryeo, ai dipinti della dinastia Joseon, alle fotografie moderne e ai centri culturali mondiali. Offre video digitali realistici ed esperienze VR per un'esperienza più vivida. Trascorrere una giornata al Museo Nazionale della Corea sarà un'esperienza speciale.

3 min a piede, 308m dall'USCITA n.2

LUN/MAR/GIO/VEN/DOMEN - 10:00 - 18:00
(ultimo ingresso alle 17:30)
MER/SAB - 10:00 - 21:00
(ultimo ingresso alle 20:30)

www.museum.go.kr

Cimitero Nazionale
국립 서울 현충원

Dongjak-gu Hyeonchung-ro 210
서울 동작구 현충로 210

Centoquattromila soldati sono morti durante la Guerra di Corea, ma molti dei loro corpi non sono mai stati rinvenuti, così come i resti di circa 7.000 soldati sconosciuti i cui corpi sono stati ritrovati. I resti di più di 54.000 patrioti martiri sono stati sepolti nei Sepolcri, divisi in varie sezioni: tombe di soldati, ufficiali di polizia, cittadini meritevoli e figure chiave del governo provvisorio. Ogni anno, il 6 giugno (Giorno della Memoria), al Cimitero Nazionale di Seul si tengono servizi commemorativi ed eventi per onorare questi coraggiosi patrioti. Il cimitero è tenuto in modo impeccabile e offre un paesaggio straordinario. Non è solo un luogo ideale per imparare la storia, ma anche per una piacevole passeggiata. È molto affollato il 6 giugno, giorno della memoria in Corea.

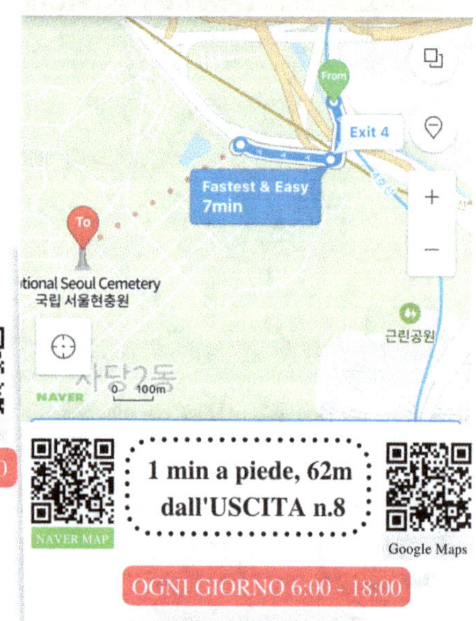

1 min a piede, 62m dall'USCITA n.8

OGNI GIORNO 6:00 - 18:00

www.snmb.mil.kr

(437) SEOUL GRAND PARK 대공원

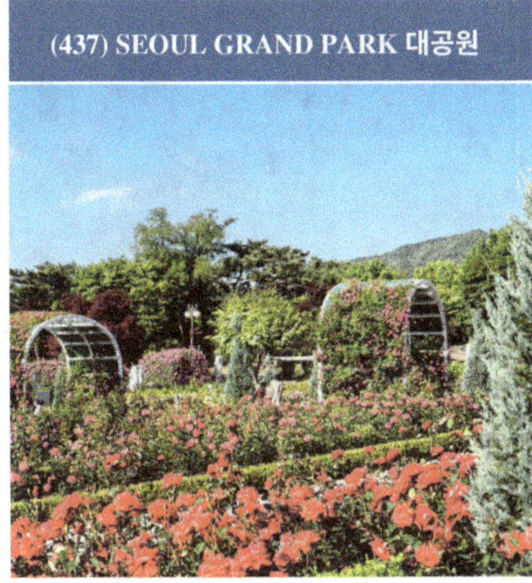

Grande Parco di Seul
서울대공원

Gwacheon-si Daegongwongwangjang-ro 102
경기 과천시 대공원광장로 102

Premier zoo de Corée, il a été construit en 1909 par l'occupant japonais au milieu de l'ancien Palazzo royal de Changgyeonggung. En 1984, il a été déplacé à son emplacement actuel. Aujourd'hui, il abrite près de 3 000 animaux et 350 espèces du monde entier, ce qui en fait le dixième plus grand du monde. Les installations comprennent des collines, des sentiers de randonnée, le zoo de Séoul Grand Park, le zoo pour enfants, la roseraie, le parc du musée terrestre de Séoul et le musée d'art moderne de Séoul. N'oubliez pas de prendre des chaussures confortables, car vous pourriez avoir besoin de toute la journée pour explorer les lieux.

NAVER MAP

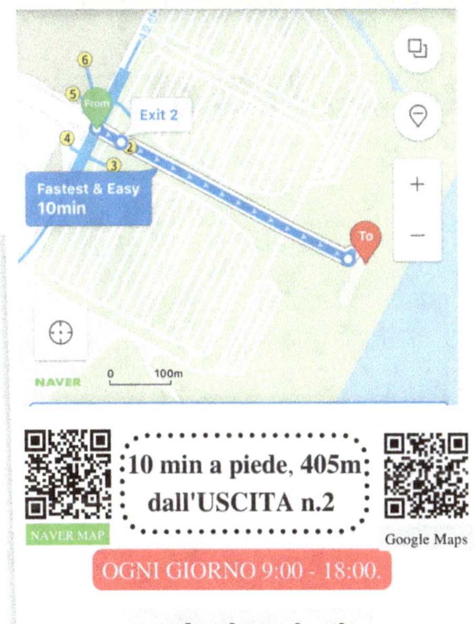

10 min a piede, 405m dall'USCITA n.2

Google Maps

OGNI GIORNO 9:00 - 18:00.

grandpark.seoul.go.kr

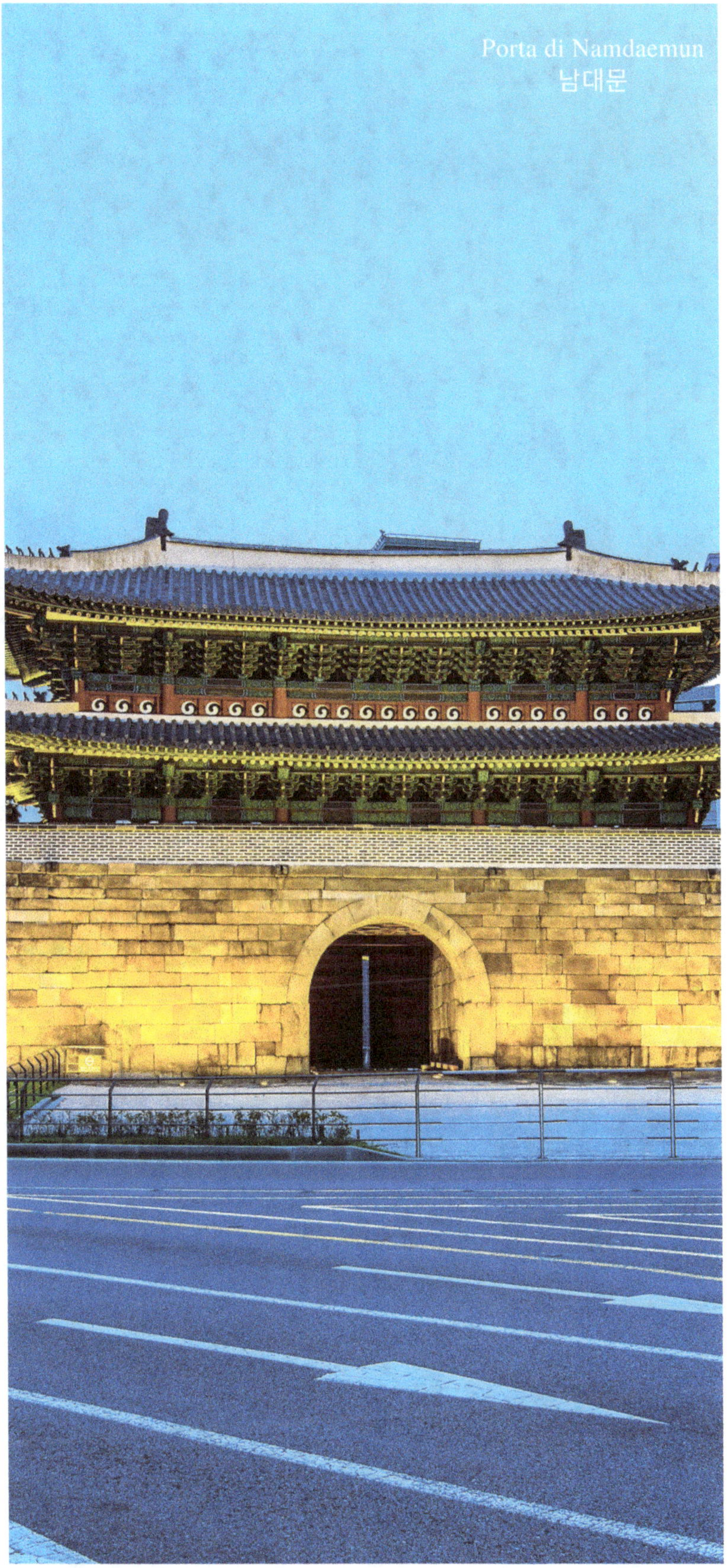

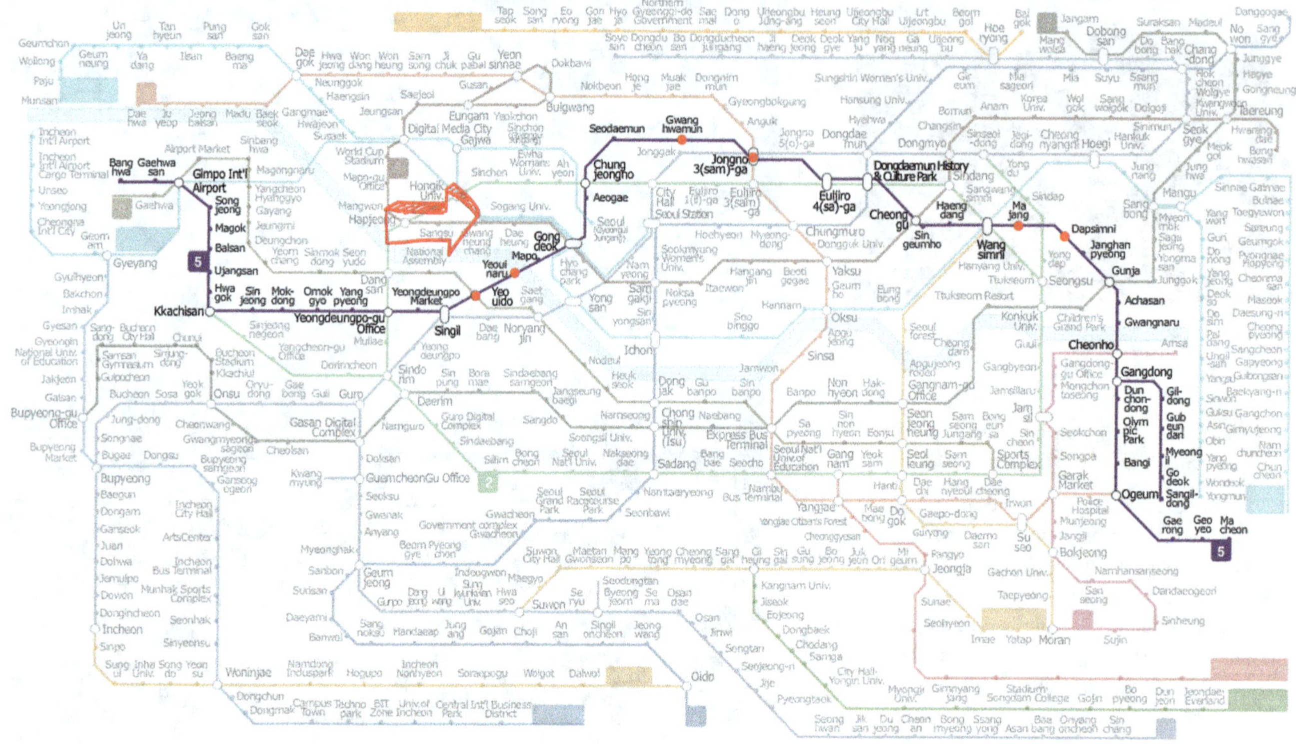

(525)=(915) YEOUIDO 여의도

- IFC Mall IFC 몰
- Parco Yeouido 여의도공원

(527) YEOUINARU 여의나루

- 63 Square 63 스퀘어

(533) GWANGHWAMUN 광화문

- Piazza Gwanghwamun 광화문광장
- Mugyodong Nakji (Polpo) 무교동 낙지
- Museo di Storia di Seul 서울역사박물관
- Centro Sejong delle Arti dello Spettacolo 세종문화회관

(534)=(329)=(130) JONGNO 3(SAM)-GA 종로3가

- Parco Tapgol 탑골공원
- Santuario Reale di Jongmyo 종묘
- Galleria di Strumenti Nagwon 낙원악기상가

(541) MAJANG 마장

- Vicolo della Carne di Majangdong 마장동 고기 골목

(542) DAPSIMNI 답십리

- Via dell'Arte Antica di Dapsimni 답십리 고미술 상가

- **Questa è una lunga linea che attraversa Seul da ovest a est, attraversando il Fiume Han.**
- **3° tunnel sotterraneo più lungo del mondo (52,3 km)**
- **Numero di stazioni: 51**
- **Termini: Banghwa Sangil-dong / Macheon**

IFC Mall
IFC 몰

Yeongdeungpo-gu Gukjegeumyung-ro 10
서울 영등포구 국제금융로 10

Definito "un centro commerciale di standard internazionale completamente nuovo", è un edificio alto 17 metri costituito da padiglioni di vetro, in cui potrai ammirare corridoi moderni e spaziosi con un'abbondante illuminazione naturale. Il centro ospita molti marchi di moda di fama mondiale, come GAP, Guess, Giordano, H&M, Hollister e Lacoste, oltre a marchi locali. Inoltre, offre un'ampia scelta di ristoranti e strutture per l'intrattenimento. È un centro commerciale moderno e futuristico che vale la pena visitare. Il complesso è collegato al Conrad Hotel.

Parco Yeouido
여의도공원

Yeongdeungpo-gu Yeouigongwon-ro 68
서울 영등포구 여의공원로 68

È un enorme parco ricreativo situato nel centro di Seul, che originariamente era un luogo asfaltato frequentato da pattinatori e ciclisti. Dopo la sua costruzione nel 1997, durata due anni, è stato inaugurato nel 1999 ed è diventato il luogo preferito dai cittadini di Seul. È famoso per i bellissimi fiori di ciliegio in primavera e per lo spettacolo annuale di fuochi d'artificio che si svolge in ottobre. Si tratta di un bellissimo parco in riva al fiume. È meglio arrivare a stomaco vuoto perché c'è un'infinità di ristoranti tra cui scegliere. Può essere molto affollato durante la stagione della fioritura dei ciliegi.

63 Square
63 스퀘어

Yeongdeungpo-gu 63-ro 50
서울 영등포구 63로 50

Alta 250 metri, è la struttura rivestita d'oro più alta del mondo e fino al 2003 era l'edificio più alto della Corea. Fu realizzato come simbolo per le Olimpiadi estive di Seul del 1988. Offre una splendida vista sul fiume Han e sulle montagne. Tra le sue strutture troviamo ristoranti, una galleria d'arte, un centro commerciale e un acquario. Se puoi spendere un po' di soldi per una serata romantica, questo è il posto giusto. C'è anche un ascensore dedicato specificamente alle coppie, che consente di fare un giro esclusivo di 80 secondi (come parte di un pacchetto speciale a pagamento).

6 min a piede, 328m dall'USCITA n.3

OGNI GIORNO 10:00 ~ 22:00

ifcmallseoul.com

11 min a piede, 354m dall'USCITA n.3

APERTO 24 ORE

www.ydp.go.kr

17 min a piede, 1.1km dall'USCITA n.4

OGNI GIORNO
Acquario 10:00 - 19:00
(ultimo ingresso alle 18:30
Salone d'arte 10:00 - 20:30
(ultimo ingresso alle 20:00

www.63art.co.kr

Piazza Gwanghwamun
광화문광장

Jongno-gu, Sejong-daero 175
서울 종로구 세종대로 175

Durante la dinastia Joseon, la Porta Gwanghwamun era la porta principale del Palazzo Gyeongbokgung. Nel 2009 è stata costruita un'enorme piazza che arriva fino a Cheonggye Plaza e che è diventata un'attrazione imprescindibile per i cittadini e per i turisti stranieri. Qui si possono ammirare enormi statue dei personaggi storici più amati della Corea. La statua del re Sejong, che ha creato l'Hangul, si trova al centro della piazza. Anche la statua dell'ammiraglio Yi Sun-shin, che salvò il paese dall'aggressione giapponese, è molto amata dai cittadini. Si trova anche la creatura mitica Haechi, che è il simbolo della città. Stagni e fontane artificiali rinfrescano i cittadini in estate. Dietro la statua del re Sejong, c'è un ingresso alla sala espositiva nello spazio sotterraneo, che commemora la vita del re e la storia dell'ammiraglio Yi Suin Sin.

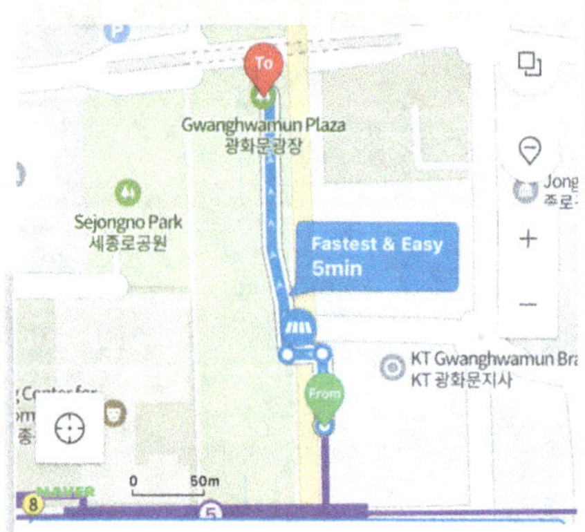

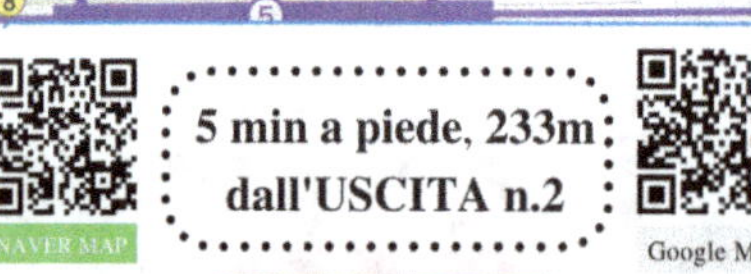

5 min a piede, 233m
dall'USCITA n.2

Google Maps

APERTO 24 ORE

gwanghwamun.seoul.go.kr/main.do

Mugyodong Nakji (Polpo)
무교동 낙지

Jongno-gu, Jongro-3-gil 30
서울 종로구 종로3길 30

È un polpo tritato marinato nel gochujang (salsa piccante al peperoncino) e saltato in padella con verdure quali cipolle, scalogni, cavoli e carote. È famoso soprattutto per la sua piccantezza dovuta alla salsa gochujang, ma i suoi valori nutrizionali riescono a compensarla completamente. Generalmente riscuote un uguale numero di apprezzamenti e contrarietà, ma se sei un fan del cibo piccante, devi assolutamente provarlo (e piangere).

4 min a piede, 290m
dall'USCITA n.3

Google Maps

OGNI GIORNO 10:00 - 22:00

Museo di Storia di Seul
서울역사박물관

Jongno-gu, Saemunan-ro 55
서울 종로구 새문안로 55

Nel 2002, il Museo di Storia di Seul è stato inaugurato nel sito del Palazzo Gyeonghui per raccontare la storia e la cultura di Seul dalla preistoria ai tempi moderni. Lo spazio e le esposizioni sono caratterizzati da un sistema aperto, imperniato sul cortile e lontano dalla sala esistente, e sono focalizzati sull'esperienza. Il museo dispone di un Touch Museum Corner in cui è possibile vedere informazioni video sulle reliquie mentre le si tocca. Le mostre aiutano a conoscere Seul organizzando e mostrando la storia e la cultura tradizionale di Seul. È diventato un centro culturale di Seul, che offre ai cittadini di Seul e ai visitatori stranieri l'opportunità di sentire e sperimentare la cultura di Seul.

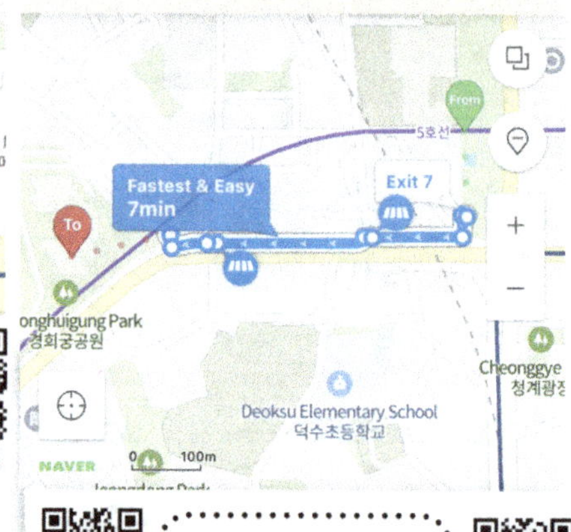

7 min a piede, 461m
dall'USCITA n.7

Google Maps

OGNI GIORNO 9:00 - 18:00
CHIUSO IL LUNEDI
(se una festa nazionale cade di lunedì, è chiuso il giorno successivo).

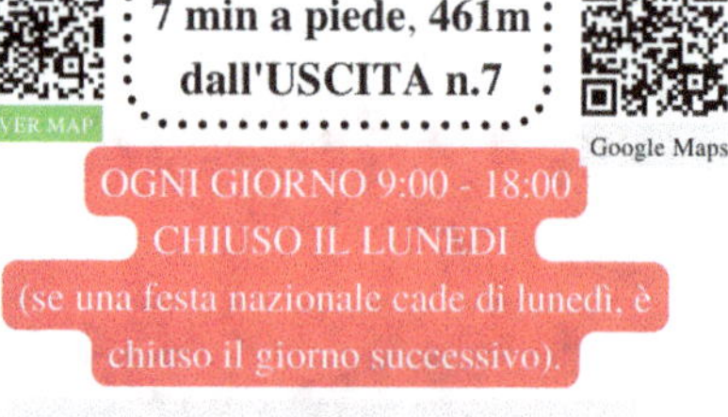

museum.seoul.go.kr/eng/index.do

Centro Sejong delle Arti dello Spettacolo
세종문화회관

Jongno-gu, Sejong-daero 175
서울 종로구 세종대로 175

È stato realizzato dal governo metropolitano di Seul ed è un'istituzione culturale e artistica rappresentativa di Seul. È il punto di accesso alle arti dello spettacolo coreane e l'unico canale per le arti dello spettacolo internazionali. È stato riconosciuto come uno dei luoghi più importanti al mondo per le arti dello spettacolo e negli anni '70 e '80 è stato la culla delle belle arti coreane. Dopo la ristrutturazione del Sejong Grand Theater, la Sejong Chamber Hall, il Sejong M Theater, l'Art Building Extension, il Sejong Art Museum e il Sejong S Theater sono stati riorganizzati e stanno diventando il fulcro culturale e artistico di Seul grazie a diversi eventi culturali. Visita la homepage per informazioni sugli eventi.

2 min a piede, 119m dall'USCITA n.1

Google Maps

Consulta il programma dell'evento per conoscere gli orari.

www.sejongpac.or.kr

Parco Tapgol
탑골공원

5 min a piede, 338m dall'USCITA n.1

Santuario Reale di Jongmyo
종묘

3 min a piede, 299m dall'USCITA n.11

Galleria di Strumenti Nagwon
낙원악기상가

2 min a piede, 146m dall'USCITA n.5

Questi posti sono già stati presentati nelle pagine precedenti.

Vicolo della Carne di Majangdong
마장동 고기 골목

Seongdong-gu, Majang-ro 35-gil 68
서울 성동구 마장로35길 68

Attrezzato con strutture moderne e pulite, è il più grande mercato della carne della Corea. È possibile acquistare carne fresca che arriva ogni ora. La carne proviene da diverse parti della Corea e dall'estero. Solitamente è possibile acquistare carne di alta qualità a un prezzo inferiore del 30% rispetto a quello che si paga al supermercato. Molti negozi offrono anche aree di ristoro annesse e si possono gustare le carni fresche direttamente sul posto. È possibile acquistare carne coreana fresca a un prezzo scontato. Non aspettarti però che sia un ristorante coreano BBQ di lusso.

16 min a piede, 826m dall'USCITA n.2

Google Maps

Ogni negozio ha i proprio orari, ma la maggior parte apre al mattino.

---

(542) DAPSIMNI 답십리

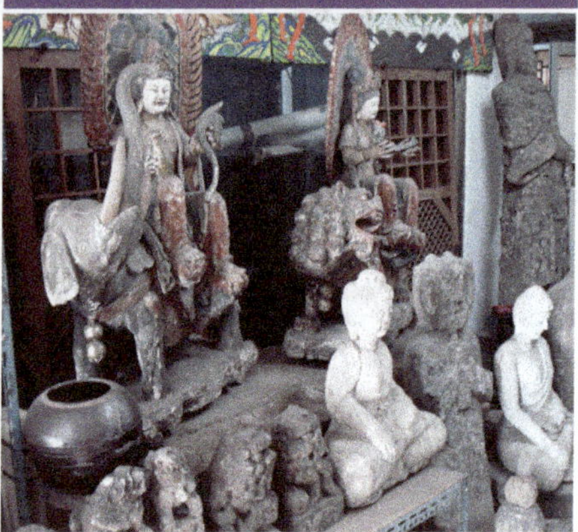

Via dell'Arte Antica di Dapsimni
답십리 고미술 상가

Dongdaemun-gu, Gomisul-ro 39
서울 동대문구 고미술로 39

Le strade sono occupate da opere di antiquariato, da statue di pietra alte da due a tre volte una persona a ornamenti grandi come un palmo di mano. Si trovano anche vari tipi di altri oggetti, che vanno da mobili antichi di grandi dimensioni, maniglie di porte e statue di Buddha ad articoli per la casa come pietre da inchiostro, macine, forni e ciotole di ottone. Entrando in un negozio, la varietà aumenta. Si possono trovare anche accessori antichi come le tradizionali forcine ornamentali coreane. Recentemente è aumentata la percentuale di prodotti antichi provenienti dalla Cina e dal sud-est asiatico. Spesso si trovano anche oggetti d'antiquariato occidentali. I prezzi variano da alcune migliaia di won a diversi milioni di won.

NAVER MAP

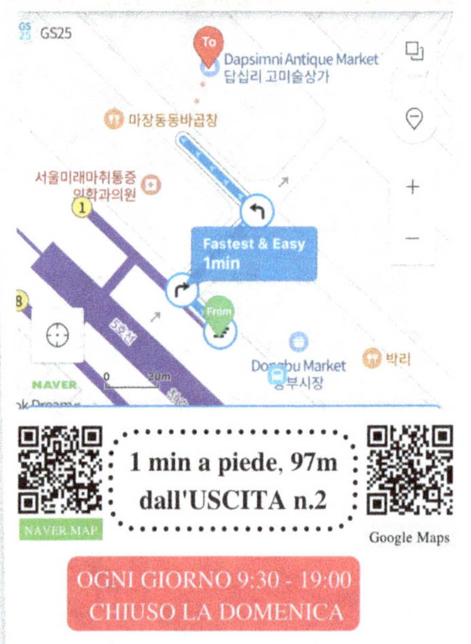

1 min a piede, 97m dall'USCITA n.2

Google Maps

OGNI GIORNO 9:30 - 19:00
CHIUSO LA DOMENICA

Piazza Gwanghwamun
광화문광장

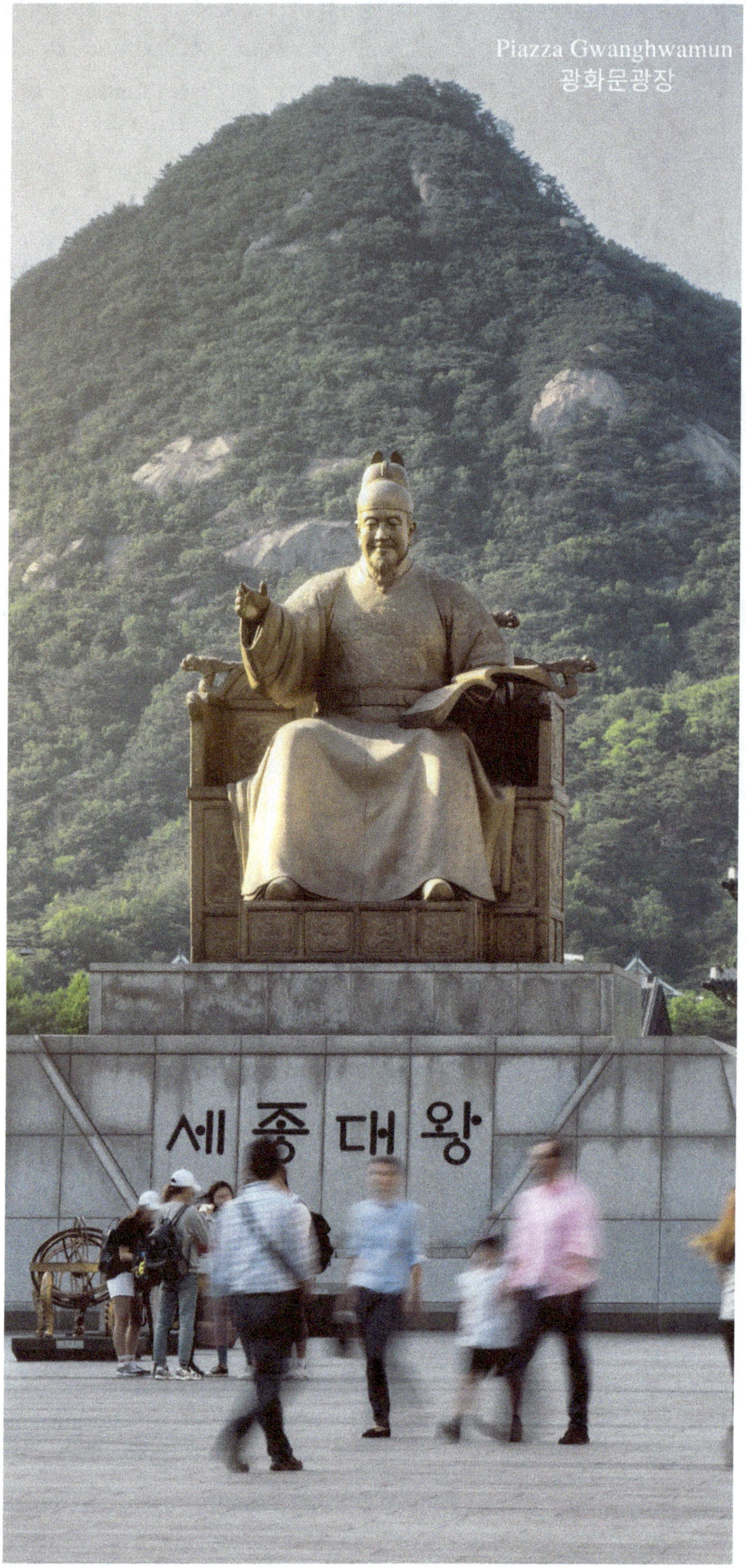

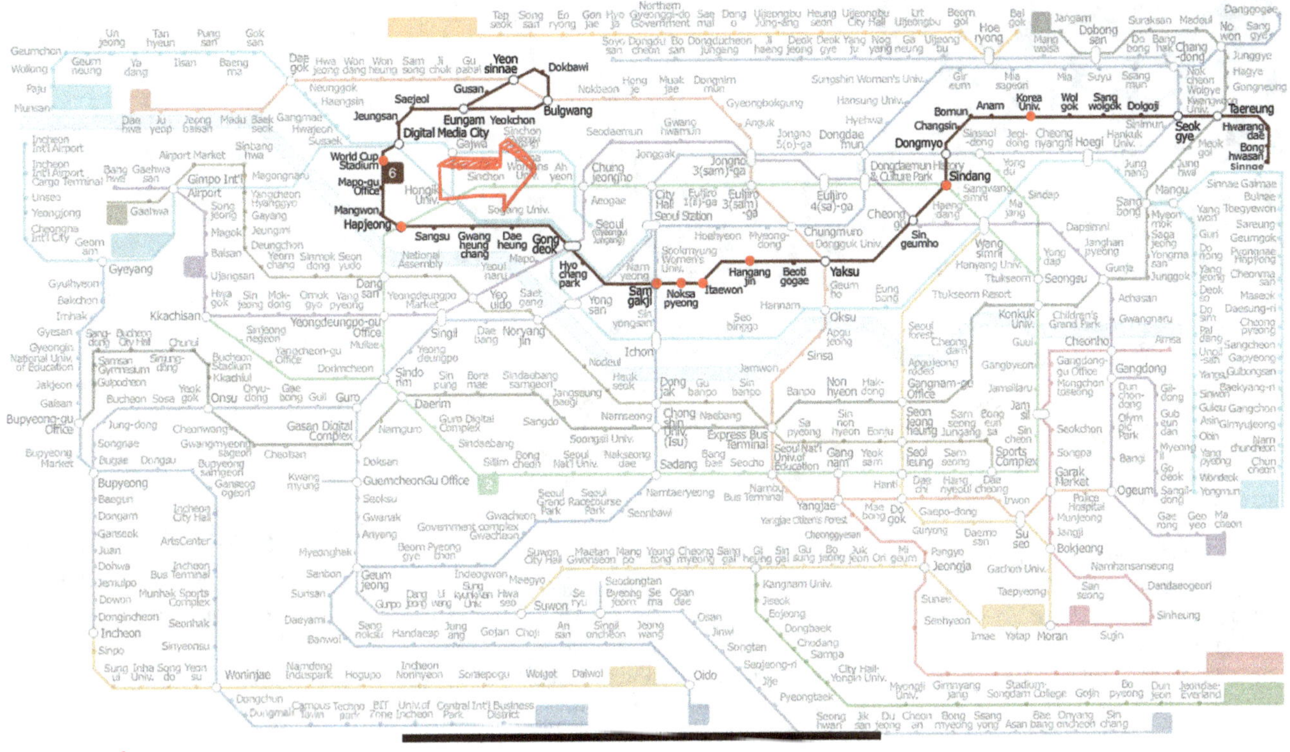

(619) WORLD CUP STADIUM 월드컵 경기장

- Seul World Cup Stadium
  서울 월드컵 경기장
- Parco World Cup
  월드컵 공원

(622)=(238) HAPJEONG 합정

- Cimitero dei Missionari Stranieri di Yanghwajin
  양화진외국인선교사묘원
- Santuario dei Martiri di Jeoldusan
  절두산 성지
- Mecenatpolis Mall
  메세나폴리스몰

(628)=(428) SAMGAKJI 삼각지

- Monumento ai Caduti
  전쟁기념관

(629) NOKSAPYEONG 녹사평

- Strada Gyeongridan-gil
  경리단길

(630) ITAEWON 이태원

- Zona Turistica Speciale di Itaewon
  이태원 관광 특구

(631) HANGANGJIN 한강진

- Giardino Botanico di Namsan
  남산 야외 식물원

(635)=(206) SINDANG 신당

- Mercato dell'Usato di Hwanghakdong
  황학동 벼룩시장
- Chungmu Art Center
  충무 아트센터
- Sindangdong Tteokbokki Town
  신당동 떡볶이타운

(640) KOREA UNIVERSITY 고려대학교

- Tombe Reali di Yeonghwiwon e Sunginwon 영휘원과 숭인원
- Sala del Memoriale del Re Sejong il Grande
  세종대왕기념관

- **Questa linea ha una forma a "U".**
- **Quando un treno arriva a Eungam, attraversa il cosiddetto "Eungam Loop", un anello di stazioni a senso unico, per poi proseguire fino a Sinnae..**
- **Numero di stazioni: 38**
- **Termini: Eungam / Sinnae**

Seul World Cup Stadium
서울 월드컵 경기장

Mapo-gu, Seongsan-dong 515-39
서울 마포구 성산동 515-39

Costruito come stadio principale per la Coppa del Mondo FIFA Corea/Giappone del 2002, è il più grande stadio di calcio in Asia, con una capacità di 66.704 posti. Il tetto è stato progettato per assomigliare alla forma di un tradizionale aquilone coreano e copre il 90% dei posti a sedere. Intorno allo stadio si trovano cinque parchi divertimenti, circondati da alberi e fontane, ideali per una passeggiata sia al mattino che alla sera. Quando le più grandi rivali della K-League (FC Seul e Suwon Bluewings) si scontrano allo stadio, dovresti prendere in considerazione l'idea di unirti al pubblico.

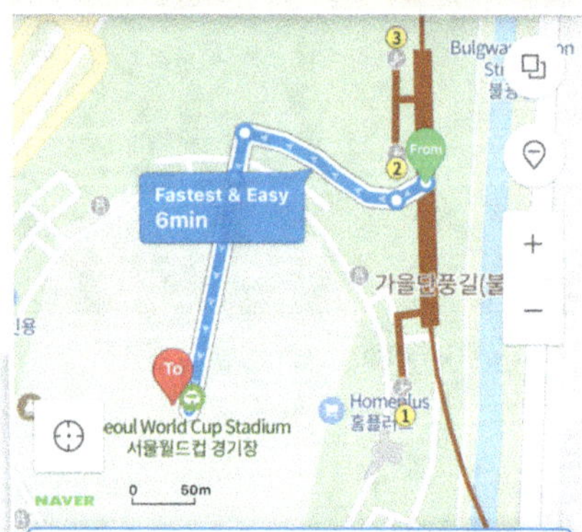

6 min a piede, 162m dall'USCITA n.2

Consulta il programma dell'evento per conoscere gli orari.

www.sisul.or.kropen_content/worldcup

Parco World Cup
월드컵 공원

Mapo-gu, Haneulgongwon-ro 86
서울 마포구 하늘공원로 86

L'isola di Nanjido, dove è ubicato il parco, negli anni 1978-93 era una discarica. Tuttavia, dopo la demolizione dell'enorme montagna artificiale e la creazione di un parco ecologico, è rinata diventando un parco molto amato dai cittadini di Seul in occasione della Coppa del Mondo FIFA 2022 Corea/Giappone. Il parco è composto da cinque parchi tematici, tra cui il Parco Pyeonghwa (Pace), il Parco Haneul (Cielo), il Parco Noeul (Tramonto), il Parco Nanjicheon e il Parco Nanji Hangang. Attualmente il parco è popolato da 733.000 alberi di 92 specie, a cui si aggiungono lo stagno di Nanji e il ruscello di Nanjicheon per regalare uno splendido scenario naturale. La World Cup Park Exhibition Hall, dove si può scoprire la storia complessiva e la trasformazione dell'isola di Nanjido, e il Nanji Pond, dove si possono osservare specie di animali e piante e vari uccelli, sono luoghi famosi del parco. Oggi, anche nei giorni in cui non ci sono partite di calcio, il parco è amato dai cittadini per le sue passeggiate e vengono organizzati vari programmi di apprendimento ed eventi.

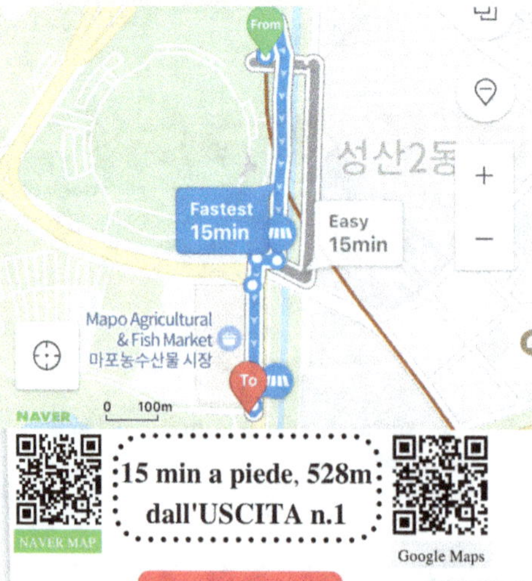

15 min a piede, 528m dall'USCITA n.1

APERTO 24 ORE

parks.seoul.go.krtemplate/sub/worldcuppark.do

Cimitero dei Missionari Stranieri di Yanghwajin 양화진외국인선교사묘원

5 min a piede, 320m dall'USCITA n.7

Santuario dei Martiri di Jeoldusan
절두산 성지

7 min a piede, 482m dall'USCITA n.7

Mecenatpolis Mall
메세나폴리스몰

1 min a piede, 35m dall'USCITA n.10

Questi posti sono già stati presentati nelle pagine precedenti.

Monumento ai Caduti
전쟁기념관

Questo posto è già stato presentato nelle pagine precedenti.

Strada Gyeongridan-gil
경리단길

Yongsan-gu, Noksapyeong-daero 234
서울 용산구 녹사평대로 234

È una delle strade più frequentate di Itaewon. Quando si parte dall'uscita 2 della stazione di Noksapyeong e si sale lungo la collina, si possono trovare piccoli ristoranti, café e pub distribuiti lungo i vicoli che si espandono come ragnatele intorno all'ampia strada. I negozi unici dei vicoli hanno svolto un ruolo cruciale nella creazione dell'attuale Gyeongridan-gil e, di conseguenza, si è formato un quartiere commerciale intorno ai vicoli e non sul ciglio della strada. È emerso rapidamente come luogo di tendenza tra i giovani stanchi di caffè e ristoranti in franchising. Sono presenti alcuni pub di birra artigianale unici nel loro genere. Pare che ci siano più ristoranti e pub di birra artigianale gestiti da stranieri che da coreani.

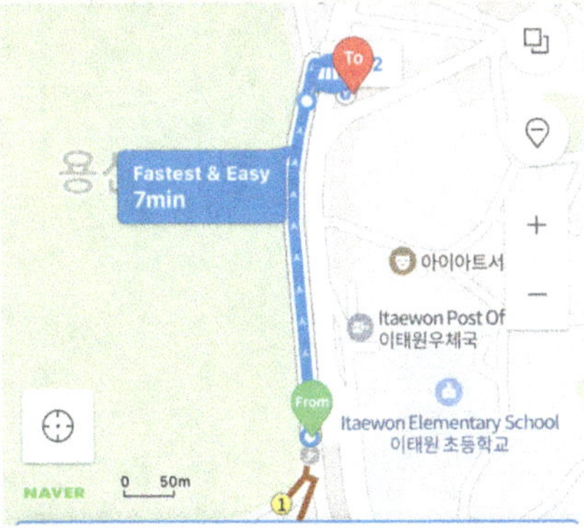

Ogni negozio ha i propri orari.

Zona Turistica Speciale di Itaewon
이태원 관광 특구

Yongsan-gu, Itaewon-ro 150
서울 용산구 이태원로 150

Itaewon è la prima zona turistica speciale di Seul ed è un'area multinazionale e multiculturale popolata da oltre 20.000 stranieri. Più di 2.000 negozi, tra cui strutture ricettive, ristoranti, strutture di intrattenimento e agenzie di viaggio, sono concentrati nei vicoli. Famosa è anche la via dei mobili antichi, che conta più di 100 negozi dall'Hamilton Hotel a Bogwang-ro. Inoltre, è possibile scoprire la cultura e il cibo esotico nella World Food Street, ricca di ristoranti di oltre 40 paesi gestiti da stranieri. Ogni ottobre si tengono diversi spettacoli ed eventi e il Festival del Villaggio Globale di Itaewon è particolarmente famoso. I dollari e gli yen sono utilizzati liberamente ed è facile fare affari con i commercianti in lingue come l'inglese, il giapponese e il cinese. È il luogo più esotico della Corea.

Ogni negozio ha i propri orari.

www.itaewon.or.kr

Giardino Botanico di Namsan
남산 야외 식물원

Yongsan-gu, Itaewon-dong 259-16
서울 용산구 이태원동 259-16

È un giardino botanico all'aperto situato nel Parco Naturale Urbano di Namsan a Yongsan-gu, Seul. Si suddivide in un laghetto, un giardino botanico acquatico, un complesso di pini con esemplari provenienti da tutte le otto province della Corea e un giardino di fiori selvatici. L'ingresso è gratuito. Al centro, si trova un "centro di esperienza della foresta per bambini" dove i più piccoli possono giocare. C'è un percorso di digitopressione sulla strada che porta al complesso di pini dopo aver attraversato il giardino di muschio. In primavera e in autunno, nel giardino selvaggio sbocciano molti fiori e si può ammirare un aspetto bellissimo. Non si possono ammirare fiori da giugno ad agosto.

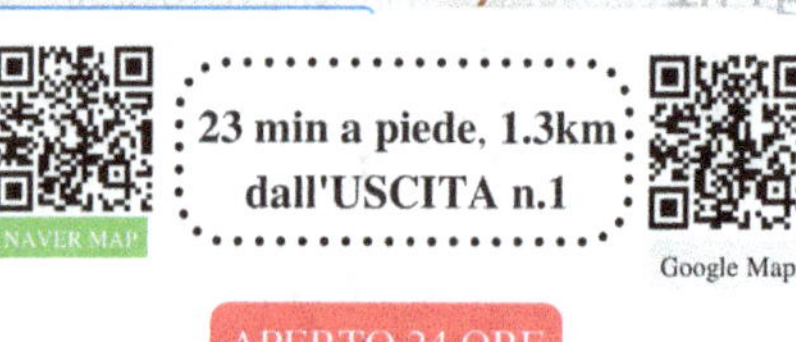

23 min a piede, 1.3km dall'USCITA n.1

Google Maps

APERTO 24 ORE

Mercato dell'Usato di Hwanghakdong 황학동 벼룩시장

6 min a piede, 392m dall'USCITA n.1

Chungmu Art Center 충무 아트센터

2 min a piede, 105m dall'USCITA n.9

Sindangdong Tteokbokki Town 신당동 떡볶이타운

4 min a piede, 236m dall'USCITA n.8

Questi posti sono già stati presentati nelle pagine precedenti.

Tombe Reali di Yeonghwiwon e Sunginwon 영휘원과 숭인원

Dongdaemun-gu Hongreung-ro 90
서울 동대문구 홍릉로 90

Yeonghwiwon è la tomba della regina Sunheon, la concubina dell'imperatore Gojong dell'Impero coreano, mentre Sunginwon è la tomba di Yi Jin-won, il primo figlio del principe Uimin, l'ultimo principe ereditario dell'Impero coreano. Camminare lungo il parco, lontano dal traffico della città, è un momento di relax che trascende il tempo e lo spazio.

17 min a piede, 824m dall'USCITA n.3

Google Maps

OGNI GIORNO 9:00 - 18:00
CHIUSO IL LUNEDI

(640) KOREA UNIVERSITY 고려대학교

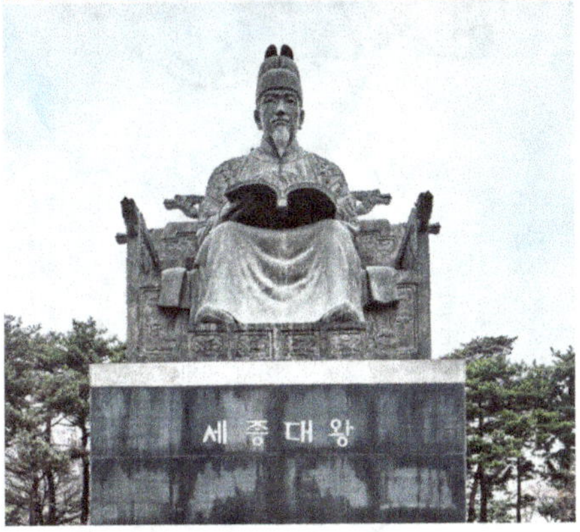

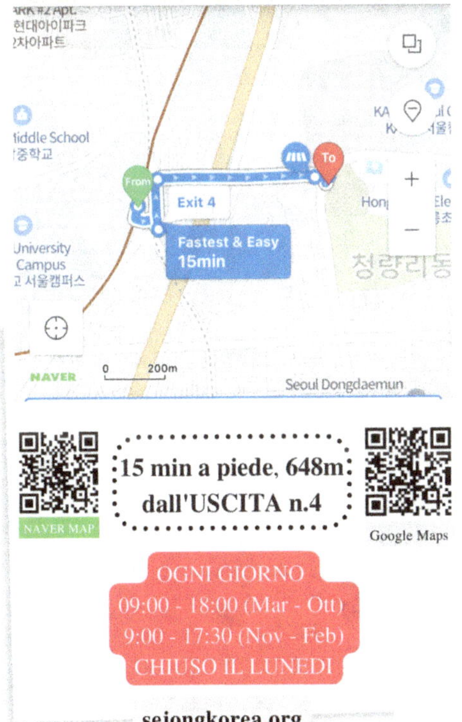

Sala del Memoriale del Re Sejong il Grande 세종대왕기념관

Dongdaemun-gu Hoegi-ro 56
서울 동대문구 회기로 56

Realizzata per onorare il Re Sejong il Grande, considerato uno dei più grandi Re della storia coreana per le sue sante virtù e i suoi eccellenti risultati. È un edificio di tre piani che ospita un'area espositiva (Hangul, Scienza, Musica tradizionale, Arte e Outdoor), un auditorium, un laboratorio e una sala di consultazione. Se ti sei mai chiesto perché è venerato come il più grande re della storia coreana, annuisci con la testa quando lo conoscerai meglio in questo grande museo.

NAVER MAP

15 min a piede, 648m dall'USCITA n.4

Google Maps

OGNI GIORNO
09:00 - 18:00 (Mar - Ott)
9:00 - 17:30 (Nov - Feb)
CHIUSO IL LUNEDI

sejongkorea.org

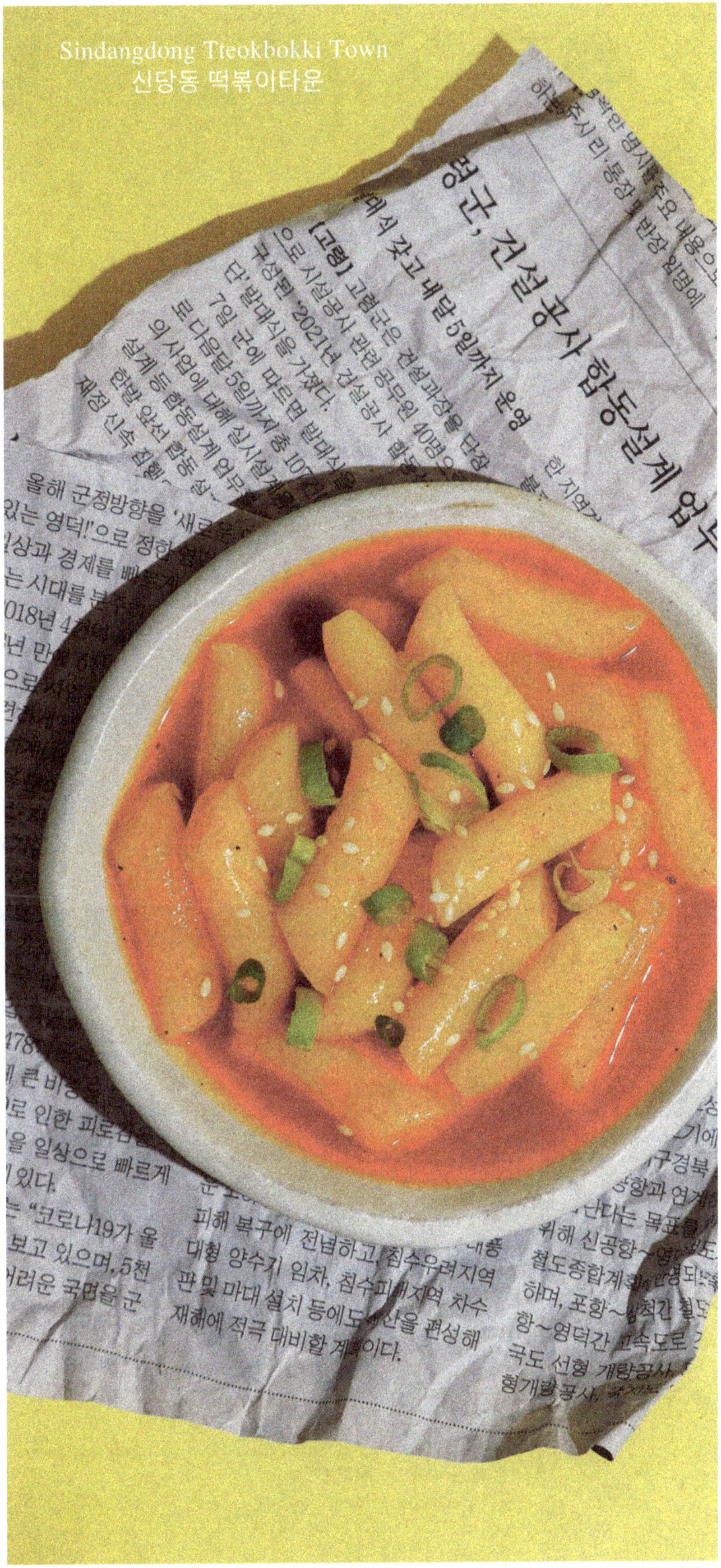

Sindangdong Tteokbokki Town
산당동 떡볶이타운

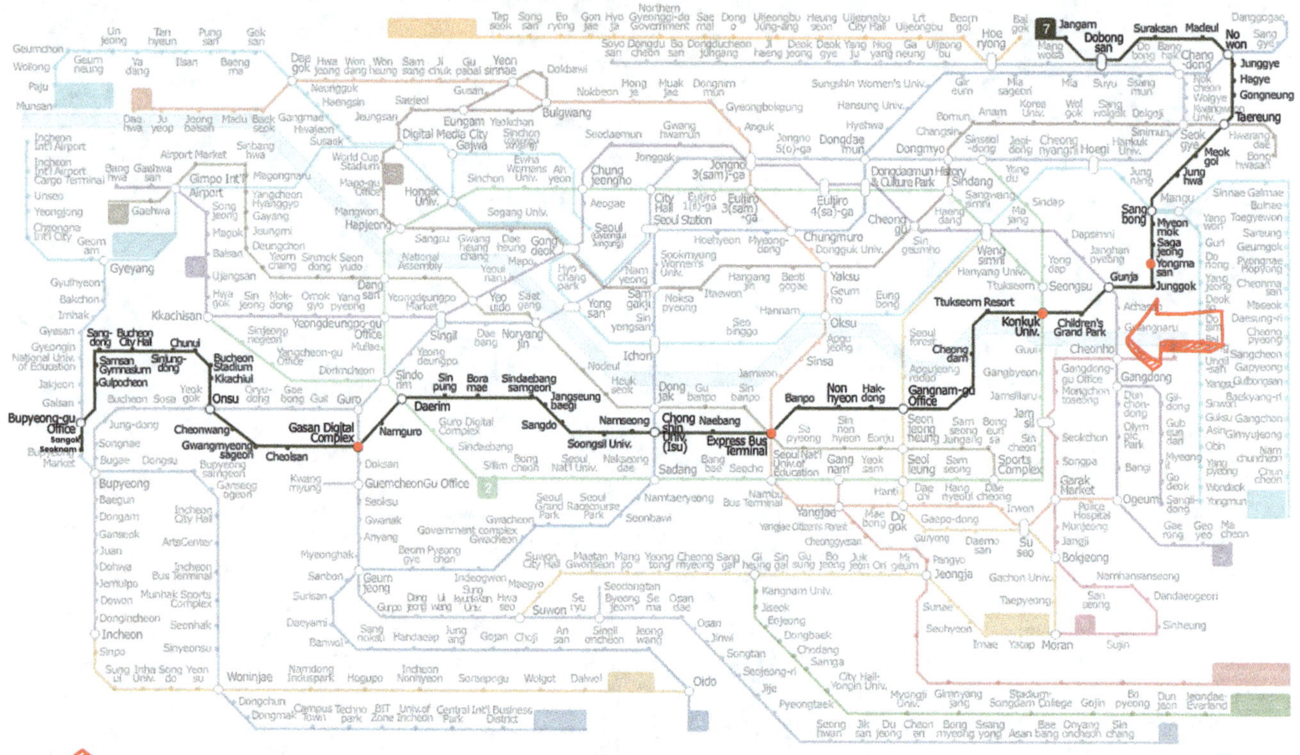

(723) YONGMASA 용마산

- Monte Yongmasan
  용마산

(727)=(212) KONKUK UNIV. 건대입구

- Common Ground
  커먼그라운드

(734)=(923)=(339) EXPRESS BUS TERMINAL 고속터미널

- GOTO Mall (Complesso Commerciale Sotterraneo del Terminal di Gangnam)
  고투몰
- Sevit Seom (Isola Galleggiante) 세빛섬
- Central City 센트럴 시티

(746) GASAN DIGITAL COMPLEX 가산디지털단지

- Gasan Digital Complex Outlet Town
  가산디지털단지 아울렛타운

- **Questa linea collega il nord e il sud di Seul ma non attraversa il centro della città.**
- **Numero di stazioni: 53**
- **Termini: Jangam / Seoknam**

Monte Yongmasan
용마산

Jungnang-gu Myeonmok 4-dong San 75-1
서울특별시 중랑구 면목4동 산75-1

Il monte Yongmasan è alto 348 metri ed è caratterizzato da molte piattaforme di osservazione che offrono una splendida vista su Seul. Grazie alla sua altitudine favorevole, è un luogo adatto a persone di tutte le età. Di fatto, alcune persone fanno escursioni in abiti semplici. Assicurati di dare un'occhiata alla cascata all'interno del parco che incontrerai sul tuo cammino. È la cascata artificiale più grande dell'Asia. Il suo vicino, il monte Achasan, è alto solo 287 metri. Inoltre, offre una splendida vista su Seul. Se vuoi raggiungere le cime di entrambe le montagne, ci vorranno circa 2 ore in totale.

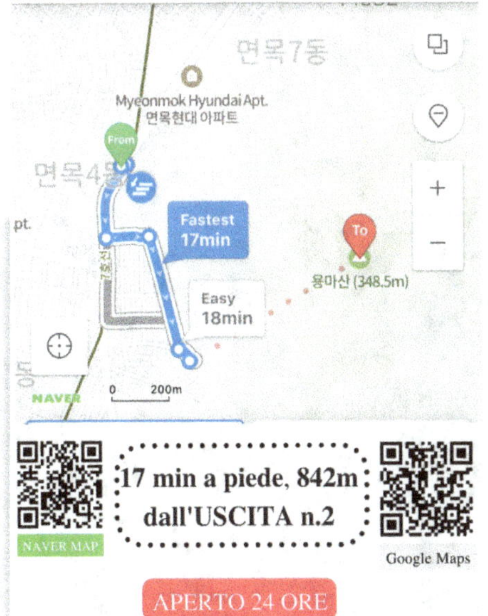

17 min a piede, 842m dall'USCITA n.2

NAVER MAP

Google Maps

APERTO 24 ORE

---

(727)=(212) KONKUK UNIV. 건대입구

Common Ground
커먼그라운드

3 min a piede, 196m dall'USCITA n.6

---

(734)=(339)=(923) EXPRESS BUS TERMINAL 고속터미널

GOTO Mall (Complesso Commerciale Sotterraneo del Terminal di Gangnam)
고투몰

3 min a piede, 140m dall'USCITA n.8-1

Sevit Seom (Isola Galleggiante)
세빛섬

24 min a piede, 1.3km dall'USCITA n.8-1

Central City
센트럴 시티

1 min a piede, 50m dall'USCITA n.3

(746) GASAN DIGITAL COMPLEX
가산디지털단지

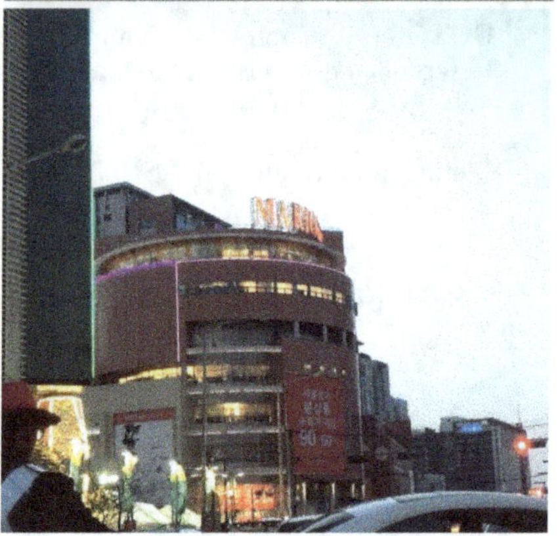

Gasan Digital Complex Outlet Town
가산디지털단지 아울렛타운

Geumcheon-gu Beotkkot-ro 266
서울 금천구 벚꽃로 266

È qui che tempo addietro le aziende di abbigliamento situate nel complesso industriale di Guro gestivano i loro negozi permanenti. Con l'apertura del Mario Outlet nel 2001, si è sviluppata una grande città della moda fino a diventare quella che conosciamo oggi. Dopo il successo del Mario Outlet, nelle zone limitrofe sono sorti grandi outlet come W Mall, Fashion Island e Hansom Factory Outlet. Ci sono aree come Mario Square e Fashion Street, che permettono ai visitatori di fare shopping passeggiando tranquillamente all'aperto. Inoltre, qui si tengono eventi su larga scala come mostre d'arte e corsi di cucina. Il centro offre anche un'area ristoro in stile europeo.

NAVER MAP

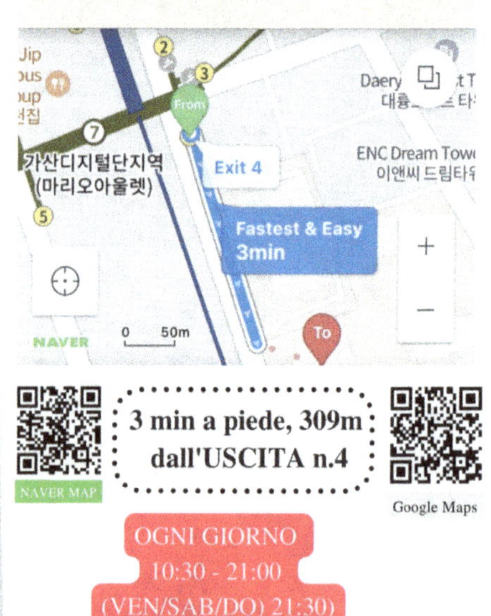

3 min a piede, 309m dall'USCITA n.4

Google Maps

OGNI GIORNO
10:30 - 21:00
(VEN/SAB/DO) 21:30)

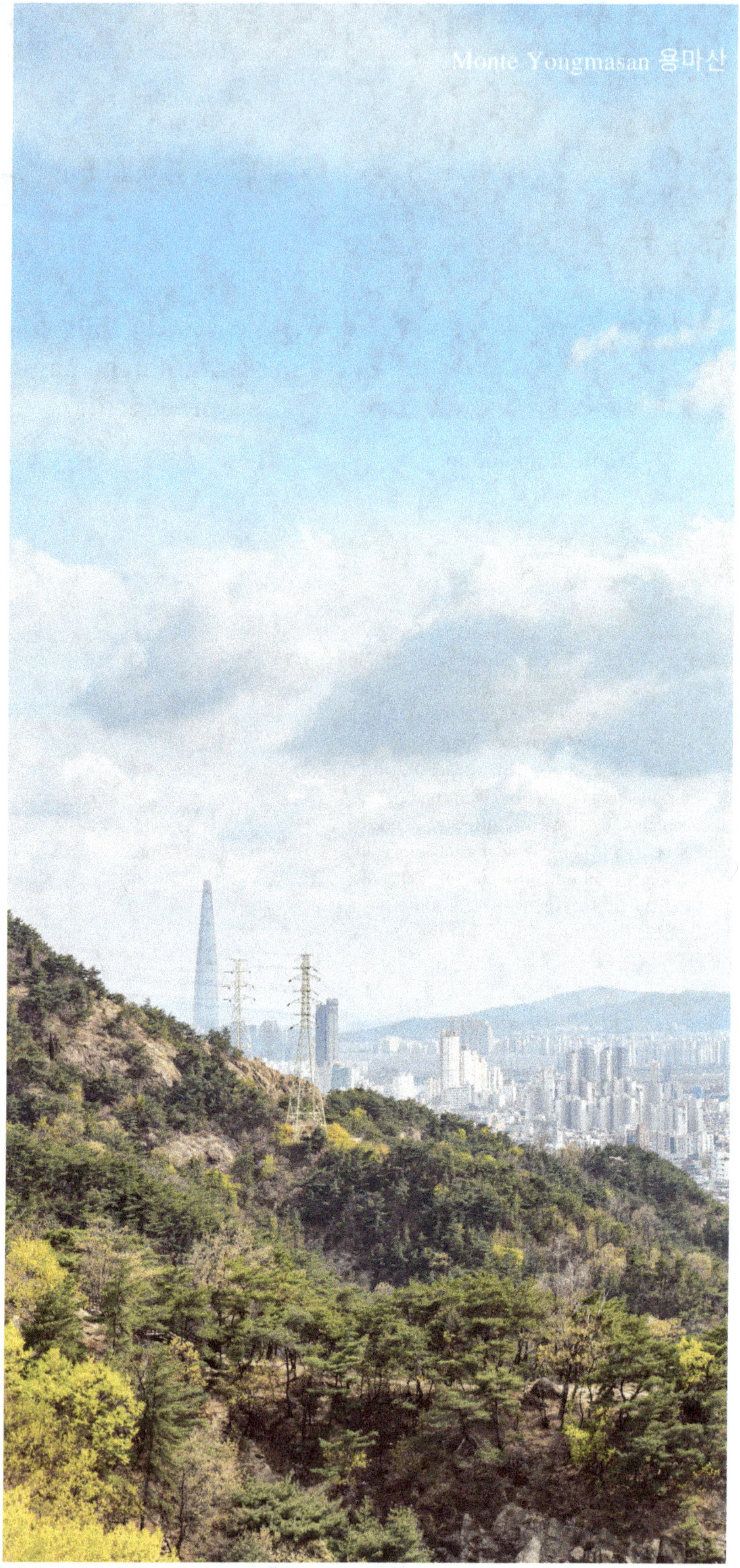

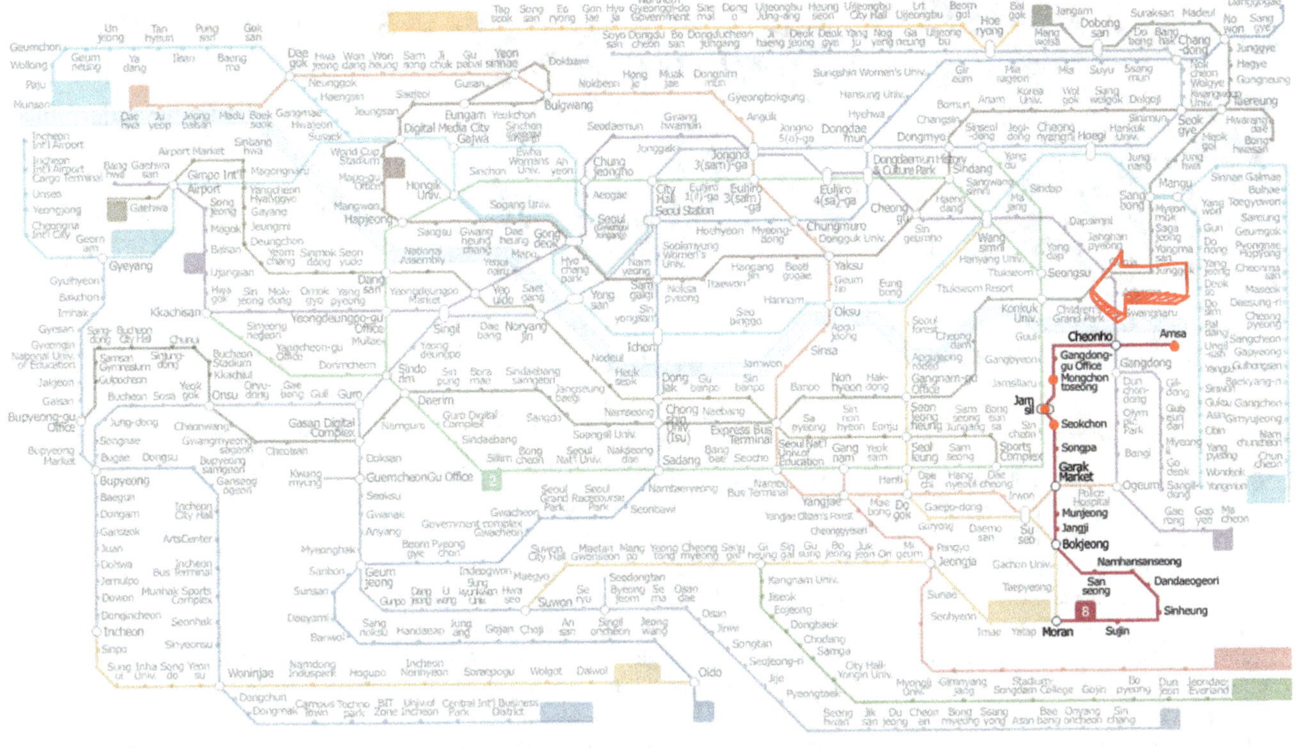

(810) AMSA 암사

- Sito dell'Isediamento Preistorico di Amsa-dong
  암사동 유적지

(813) MONGCHONTOSEONG 몽촌토성

- Parco Olimpico
  올림픽공원

(814)=(216) JAMSIL 잠실

- Lotte World
  롯데 월드
- Monumento di Pietra di Samjeondobi
  삼전도비

(815)=(933) SEOKCHON 석촌

- Parco del Lago Seokchon
  석촌호수

- **Questa linea conta il minor numero di stazioni e ha il percorso più breve.**
- **l Dal 2022, questa è una delle due linee (l'altra è la linea 9) che non attraversa il fiume Han..**
- **Numero di stazioni: 18**
- **Termini: Amsa / Moran**

Amsa-dong Prehistoric Settlement Site 암사동 유적지

Gangdong-gu, Ollimpik-ro 875
서울 강동구 올림픽로 875

Questo sito è stato dissotterrato nel 1925 in seguito a un'alluvione che ha spazzato via il terreno sulle rive del fiume Han, portando alla luce numerosi manufatti antichi, come vasellame, frecce di pietra e asce. È stato realizzato per riprodurre lo stile di vita del Neolitico (7.000 a.C. ~ 1.000 a.C.), con molte attrazioni come gigantesche capanne di fango, sale espositive e passeggiate. È un luogo divertente ed educativo per i bambini e le famiglie che vogliono scoprire e sperimentare il Neolitico.

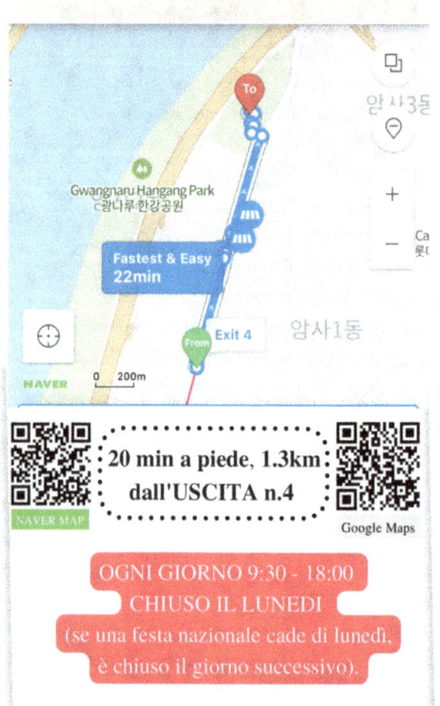

20 min a piede, 1.3km dall'USCITA n.4

OGNI GIORNO 9:30 - 18:00
CHIUSO IL LUNEDI
(se una festa nazionale cade di lunedì, è chiuso il giorno successivo).

sunsa.gangdong.go.kr

Parco Olimpico
올림픽공원

Songpa-gu Ollimpik-ro 424
서울 송파구 올림픽로 424

Originariamente costruito per ospitare le Olimpiadi estive di Seul del 1988, questo parco di 408 acri è stato trasformato in un gigantesco parco ricreativo con stadi sportivi, foreste e prati. È diviso in diverse zone: parco sportivo per il tempo libero, parco artistico-culturale, parco ecologico e parco storico. A causa delle sue vaste dimensioni, ci vogliono molte ore (oltre 3) per esplorare completamente il parco. Per questo motivo, ti consigliamo di prendere familiarità con la struttura del parco prima di iniziare. È un parco notevole in cui modernità e natura coesistono in armonia. Per risparmiare tempo, prendi il treno della strada ("Hodori Train") situato vicino a Peace Square.

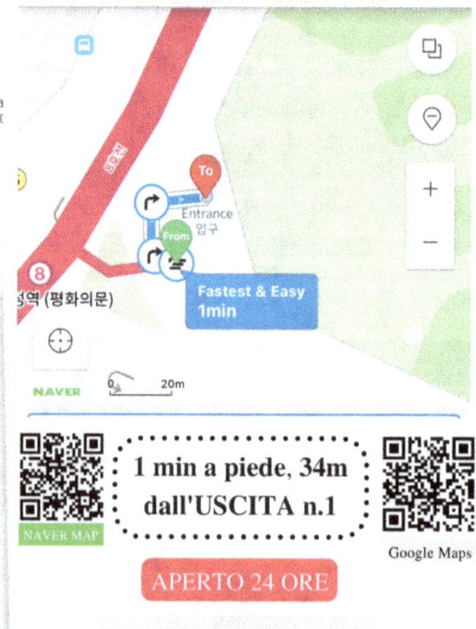

1 min a piede, 34m dall'USCITA n.1

APERTO 24 ORE

www.olympicpark.co.kr

Lotte World
롯데 월드

2 min a piede, 143m dall'USCITA n.4

Monumento di Pietra di Samjeondobi
삼전도비

6 min a piede, 270m dall'USCITA n.3

Questi posti sono già stati presentati nelle pagine precedenti.

(815)=(933) SEOKCHON 석촌

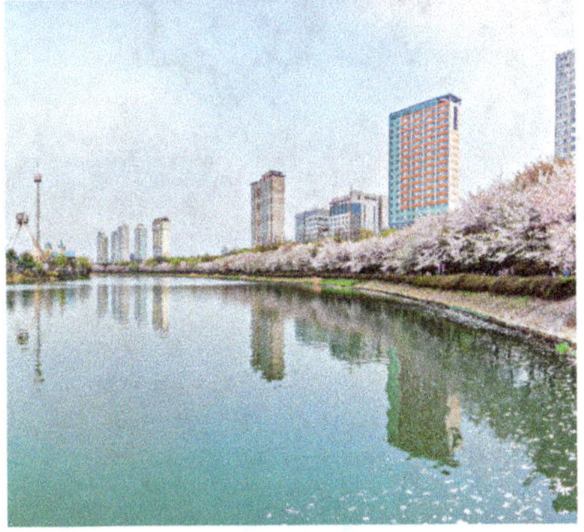

Parco del Lago Seokchon
석촌호수

Songpa-gu Jamsil-ro 148
서울 송파구 잠실로 148

Situato all'interno del parco Songpa Naru, ha due laghi artificiali, seo-ho (lago ovest) e dong-ho (lago est), con Songpa-daero che li attraversa. Nel Seo-ho si trova la cosiddetta "Isola Magica" di Lotte World, mentre il dong-ho è conosciuto per i sentieri escursionistici e i percorsi di jogging che si snodano lungo le sue sponde. Nel 2014 ha ospitato la scultura "Rubber Duck" dell'artista olandese Florentijn Hofman. È un parco tranquillo situato nei pressi del complesso Lotte. È uno dei luoghi migliori per ammirare la fioritura dei ciliegi (aprile-maggio) perché non è affollato come il Parco Yeouido.

NAVER MAP

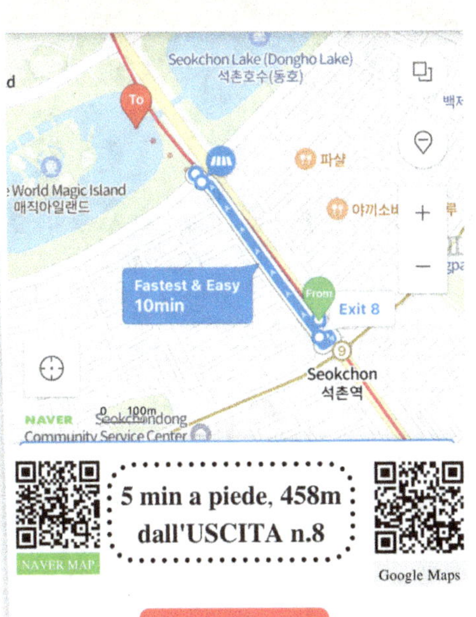

5 min a piede, 458m dall'USCITA n.8

Google Maps

APERTO 24 ORE

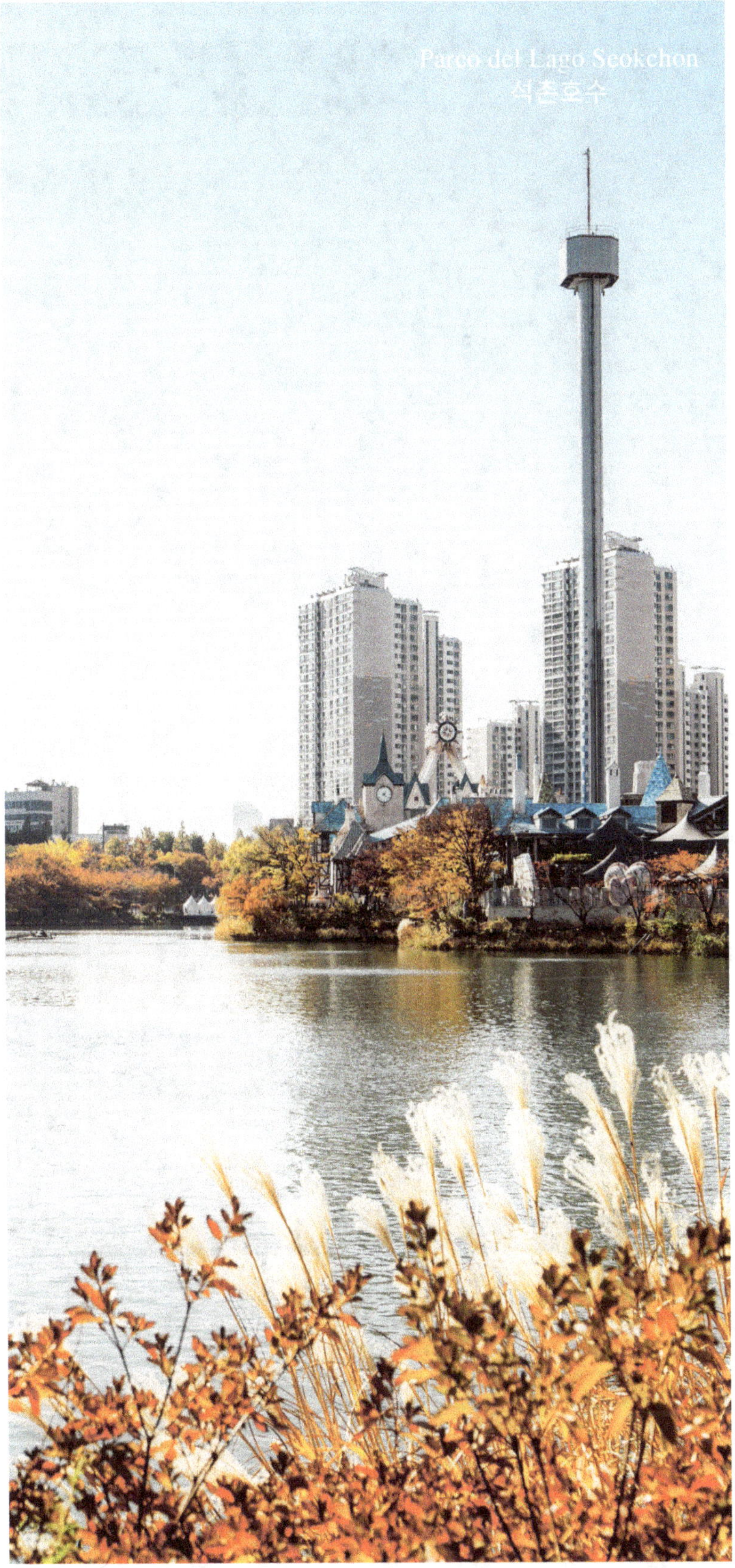

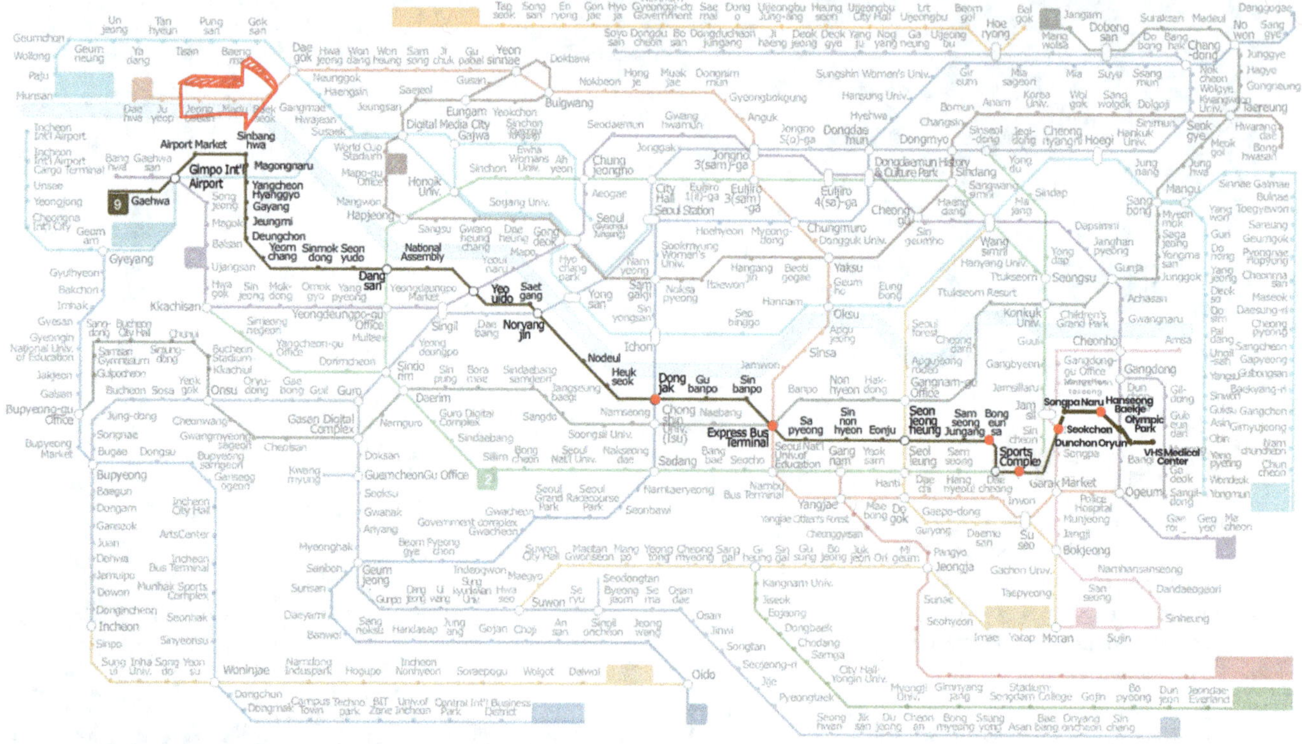

(906) YANGCHEON HYANGGYO 양천향교

- Scuola Confuciana Yangcheon Hyanggyo
  양천향교

(912) SEONYUDO 선유도

- Parco Seonyudo
  선유도 공원

(914) NATIONAL ASSEMBLY 국회의사당

- Edificio dell'Assemblea Nazionale
  국회의사당

(915)=(525) YEOUIDO 여의도

- IFC Mall IFC 몰
- Parco Yeouido 여의도공원

(916) SAETGANG 샛강

- Parco Ecologico di Yeouido Saetgang 여의도 생태공원

(136)=(917) NORYANGJIN 노량진

- Le Tombe dei Sei Martiri di Sayuksinmyo 사육신묘
- Mercato Ittico di Noryangjin 노량진 수산시장

(920)=(431) DONGJAK 동작

- Cimitero Nazionale 국립 서울 현충원

(923)=(734)=(339) EXPRESS BUS TERMINAL 고속터미널

- GOTO Mall (Complesso Commerciale Sotterraneo del Terminal di Gangnam) 고투몰
- Sevit Seom (Isola Galleggiante) 세빛섬
- Central City 센트럴 시티

(929) BONGEUNSA 봉은사

- Tempio di Bongeunsa 봉은사
- COEX 코엑스

(933)=(815) SEOKCHON 석촌

- Parco del Lago Seokchon 석촌호수

(935) HANSEONG BAEKJE 한성백제

- Museo Baekje di Seul (Hanseong) 한성백제박물관

- È l'ultima novità della metropolitana di Seul.
- Spesso è affollata, soprattutto nelle ore di punta.
- Numero di stazioni: 38
- Termini: Gaehwa / VHS Medical Center

Scuola Confuciana Yangcheon Hyanggyo 양천향교

Gangseo-gu, Yangcheon-ro 47 Na-gil 53
서울 강서구 양천로47나길 53

Hyanggyo è un'istituzione didattica voluta dallo Stato per educare ed istruire i residenti locali mediante l'esecuzione di rituali in onore di Confucio e di vari saggi. Yangcheonhyanggyo Questa scuola fu costruita per la prima volta nell'11° anno del re Taejong (1411) della dinastia Joseon ed è stata completamente restaurata nel 1981. Gli edifici comprendono il Santuario Daeseongjeon, una sala commemorativa, l'Aula Myeongnyundang, un auditorium che svolge funzioni didattiche, Dongjae e Seojae, un dormitorio per gli studenti, la Porta di Naesammun e la Porta di Oesammun. Nel Santuario Daeseongjeon sono custodite le tavole di Confucio e dei suoi discepoli. Ora la funzione educativa è scomparsa e rimane solo quella di rito ancestrale. La Scuola Confuciana di Yangcheonhyanggyo è l'unica scuola confuciana locale di Seul su 234 scuole confuciane locali a livello nazionale.

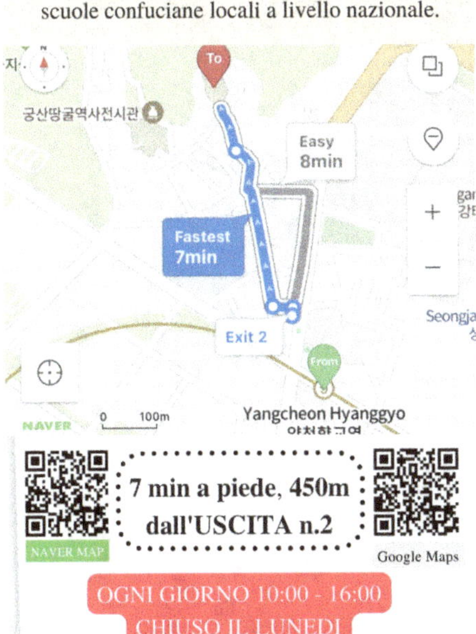

7 min a piede, 450m dall'USCITA n.2

Google Maps

OGNI GIORNO 10:00 - 16:00
CHIUSO IL LUNEDI

hyanggyo.net

Parco Seonyudo 선유도 공원

Yeongdeungpo-gu, Seonyu-ro 343
서울 영등포구 선유로 343

Era un piccolo isolotto situato al centro del fiume Han, da sempre amato da artisti e poeti. Tuttavia, durante l'epoca coloniale giapponese, l'antico aspetto del picco di Seonyubong venne meno e dal 1978 al 2000 fu utilizzato come impianto di purificazione dell'acqua per approvvigionare la parte sud-occidentale di Seul. Nel 2002 è stato rigenerato come parco ecologico che offre svago, ricreazione ed educazione. È possibile osservare la crescita e il processo di purificazione di diverse specie di piante acquatiche che purificano l'acqua, oltre a spazi culturali per il tempo libero come un anfiteatro e corsi di formazione.

15 min a piede, 795m dall'USCITA n.2

Google Maps

APERTO 24 ORE

www.ydp.go.kr

Edificio dell'Assemblea Nazionale 국회의사당

Yeongdeungpo-gu, Euisadang-daero 1
서울 영등포구 의사당대로 1

Situato a Yeouido, l'Edificio dell'Assemblea Nazionale simboleggia la democrazia e i diritti umani in Corea. L'edificio principale dell'Assemblea Nazionale, la Biblioteca dell'Assemblea Nazionale sulla destra e la Sala dell'Assemblea Nazionale sulla sinistra. Puoi trovarlo facilmente dalle uscite 1 e 6 della stazione dell'Assemblea Nazionale. La biblioteca è ben organizzata. Sebbene non ci siano molti posti a sedere, non ci sono nemmeno molte persone.

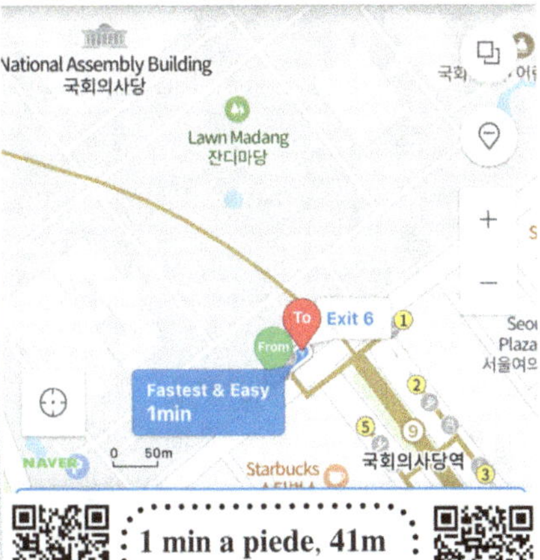

1 min a piede, 41m dall'USCITA n.6

Google Maps

korea.assembly.go.kr

I visitatori possono prenotare la visita inviando un'e-mail a visitor@assembly.go.kr almeno 3 giorni prima del giorno desiderato.

IFC Mall
IFC 몰

6 min a piede, 328m dall'USCITA n.3

Parco Yeouido
여의도공원

11 min a piede, 354m dall'USCITA n.3

Questi posti sono già stati presentati nelle pagine precedenti.

Parco Ecologico di Yeouido Saetgang
여의도 생태공원

Yeongdeungpo-gu Yeouido-dong 49
서울 영등포구 여의도동 49

È il primo parco ecologico costruito in Corea. Inaugurato nel 1997, è stato sottoposto a un progetto di ristrutturazione completa tra il 2008 e il 2011. In seguito, è diventato un parco enorme con sei temi diversi. È ricco di specie rare di flora e fauna, come gheppi, aironi e pesciolini. È confinante con il Parco Yeouido, ma ha un'atmosfera diversa: si respira un'aria più naturale e meno affollata.

6 min a piede, 647m dall'USCITA n.4

APERTO 24 ORE

www.ydp.go.kr

Le Tombe dei Sei Martiri di Sayuksinmyo 사육신묘

14 min a piede, 697m dall'USCITA n.2

Mercato Ittico di Noryangjin
노량진 수산시장

4 min a piede, 248m dall'USCITA n.1

Questi posti sono già stati presentati nelle pagine precedenti.

Cimitero Nazionale
국립 서울 현충원

1 min a piede, 62m dall'USCITA n.4

Questo posto è già stato presentato nelle pagine precedenti.

GOTO Mall (Complesso Commerciale Sotterraneo del Terminal di Gangnam)
고투몰

3 min a piede, 140m dall'USCITA n.8-1

Sevit Seom (Isola Galleggiante)
세빛섬

24 min a piede, 1.3km dall'USCITA n.8-1

Central City
센트럴 시티

1 min a piede, 50m dall'USCITA n.3

Questi posti sono già stati presentati nelle pagine precedenti.

Tempio di Bongeunsa
봉은사

Gangnam-gu Bongeunsa-ro 531
서울 강남구 봉은사로 531

Questo tempio di 1.200 anni in origine si chiamava tempio di Gyeonseongsa e fu costruito nel 794 durante il Regno di Silla (57 a.C. - 935 d.C.). Dopo essere sopravvissuto alla soppressione del buddismo da parte della dinastia Joseon, divenne il tempio principale della setta coreana Seon 선 (Zen) del buddismo dal 1551 al 1936. È anche un famoso luogo turistico grazie al "Programma di permanenza nel tempio", che consente ai visitatori di vivere la vita di un monaco per qualche ora. Ogni giovedì dalle 14:00 alle 16:00, il programma di vita nel tempio è disponibile per i visitatori stranieri. Esso include un tour del tempio, la creazione di lanterne di loto, il Dado (cerimonia di bere il tè) e la possibilità di parlare con un monaco. Tutte le attività sono condotte in inglese. Con i grattacieli e gli edifici moderni tutt'intorno, questo tranquillo tempio crea il contrasto più drammatico della Corea che è fonte di ispirazione. Visita la homepage per avere informazioni aggiornate.

1 min a piede, 135m dall'USCITA n.1

OGNI GIORNO 5:00 - 22:00

www.bongeunsa.org

COEX
코엑스

Gangnam-gu Yeongdong-daero 513
서울 강남구 영동대로 513

Acronimo di "Convention and Exhibition", questo complesso enorme ospita il centro congressi ed esposizioni, il COEX Mall, tre hotel di lusso, un terminal aeroportuale urbano dove è possibile effettuare il check-in e spedire i bagagli senza dover andare all'aeroporto di Incheon, un cinema multisala e il COEX Aquarium. Il centro commerciale è il più grande tra quelli sotterranei dell'Asia e offre una vasta scelta di negozi di moda, lifestyle, accessori ed elettronica, oltre a una grande selezione di ristoranti e caffetterie. È un centro commerciale enorme e alla moda che ha tutto ciò che serve per il tuo divertimento.

Dall'USCITA n.7 è direttamente collegato al centro commerciale.

COEX Convention 10:00 - 18:00
Starfield COEX Mall 10:30 - 22:00

www.coex.co.kr

---

(933)=(815) SEOKCHON 석촌

Parco del Lago Seokchon
석촌호수

5 min a piede, 458m dall'USCITA n.8

Questo posto è già stato presentato nelle pagine precedenti.

---

(935) HANSEONG BAEKJE 한성백제

Museo Baekje di Seul (Hanseong)
한성백제박물관

Songpa-gu, Wiryeseong-daero 71
서울 송파구 위례성대로 71

È un museo cittadino istituito in un antico sito storico a Songpa-gu per preservare la storia e i resti di Baekje, uno dei Tre Regni dell'antica Corea. È un luogo in cui puoi studiare le reliquie di Baekje del passato e la storia di altri tempi in una sala espositiva speciale, che include un'esperienza video 4D. Essendo sito all'interno del Parco Olimpico, puoi visitare il parco e il museo insieme. In particolare, in occasione del Festival Hansung Baekje che si tiene in autunno, potrai visitare le varie strutture del museo..

7 min a piede, 438m dall'USCITA n.2

OGNI GIORNO 9:00 - 19:00
(Nov - Feb : Sam/Dim/Fête Nationale 9:00 - 18:00)
CHIUSO IL LUNEDI

museum.seoul.go.kr

UN'ESPERIENZA DA RE

(132)=(201) CITY HALL 시청

Palazzo Deoksugung
덕수궁

Jung-gu Sejong-daero 99
서울 중구 세종대로99

- Prendi il treno diretto a JONGGAK 종각 alla stazione (132) CITY HALL 시청.
- Prosegui per 2 stazioni e scendi alla stazione (130)=(329) JONGNO 3-GA 종로3가.
- Effettua un cambio con la linea 3 camminando fino al binario.
- Prendi il treno diretto a ANGUK 안국.
- Prosegui per 2 stazioni e scendi alla stazione (328) ANGUK 안국. USCITA 3.

circa 28 min

(328) ANGUK 안국

Palazzo Changdeokgung
창덕궁

Jongno-gu Yulgok-ro 99
서울 종로구 율곡로 99

Palazzo Changgyeonggung
창경궁

Jongno-gu Changgyeonggung-ro 185
서울 종로구 창경궁로 185

circa 7 min

- Prendi il treno diretto a GYEONGBOKGUNG 경복궁 alla stazione (328) ANGUK 안국.
- Continua per 1 stazione e esci alla stazione (327) GYEONGBOKGUNG 경복궁. USCITA #5

(327) GYEONGBOKGUNG 경복궁

Palazzo Gyeongbokgung
경복궁

Jongno-gu Sajik-ro 161
서울 종로구 사직로 161

Cheongwadae
청와대

Jongno-gu Hyojaro13-gil 45
서울 종로구 효자로13길 45

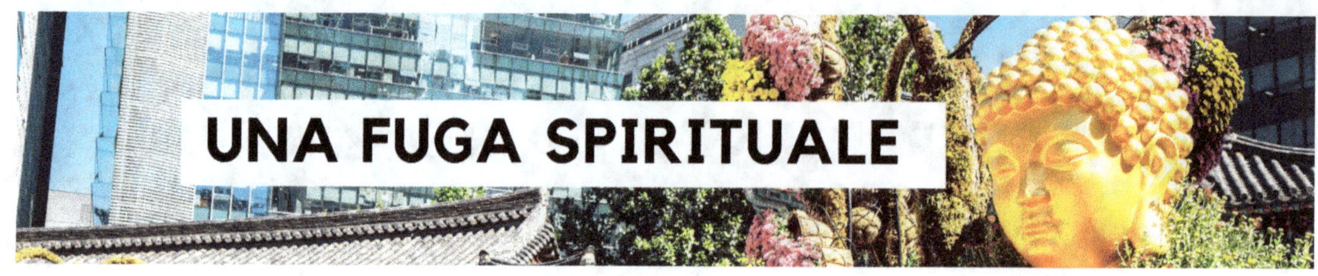

(131) JONGGAK 종각

Tempio di Jogyesa
조계사

Jongno-gu Ujeongguk-ro 55
서울 종로구 우정국로 55

circa 16 min

- Prendi il treno diretto CITY HALL 시청 alla stazione (131) JONGGAK 종각.
- Continua per una stazione e scendi alla fermata (132)=(201) CITY HALL 시청. USCITA #6

(132)=(201) CITY HALL 시청

Altare di Hwangudan
환구단

Jung-gu Sogong-ro 106
서울 중구 소공로 106

circa 18 min

- Prendi il treno diretto a SEUL STATION 서울역 alla stazione (132)=(201) CITY HALL 시청.
- Continua per una stazione e scendi alla fermata (133)=(426) SEUL STATION 서울역.
- Effettua il cambio con la linea 4 camminando fino al binario.
- Prendi la stazione diretta a HOEHYEON 회현.
- Percorri 2 stazioni e scendi alla stazione (424) MYEONGDONG 명동. USCITA #10

(424) MYEONGDONG 명동

Cattedrale Cattolica di Myeongdong
명동 성당

Jung-gu, Myeongdong-gil 74
서울 중구 명동길 74

circa 45 min

- Prendi il treno diretto HOEHYEON 회현 alla stazione (424) MYEONGDONG 명동.
- Continua per 7 stazioni e scendi alla stazione (431)=(920) DONGJAK (CIMITERO NAZIONALE DI SEUL) 동작(현숭원).
- Effettua il cambio con la linea 9 camminando fino al binario.
- Prendi il treno diretto a GUBANPO 구반포.
- Continua per altre 4 stazioni e scendi alla stazione (929) BONGEUNSA 봉은사. USCITA #1

(929) BONGEUNSA 봉은사

Tempio di Bongeunsa
봉은사

Gangnam-gu Bongeunsa-ro 531
서울 강남구 봉은사로 531

VUOI FARE UN GIRO PER NEGOZI

(126)=(211-4) SINSEOLDONG 신설동

Mercato Popolare dell'Usato di Seul
서울풍물시장

Dongdaemun-gu Cheonho-daero 4-gil 21
서울 동대문구 천호대로 4길 21

circa 24 min

- Prendi il treno diretto a DONGMYO 동묘앞 alla stazione (126)=(211-4) SINSEOLDONG 신설동.
- Continua per 2 stazioni e scendi alla stazione (128)=(421) DONGDAEMUN 동대문. USCITA #8

(128)=(421) DONGDAEMUN 동대문

Dongdaemun Fashion Town
동대문 패션타운

Jung-gu, Jangchungdan-ro 263
서울 중구 장충단로 263

circa 16 min

- Effettua il cambio con la linea 4 camminando fino al binario.
- Prendi il treno diretto al DONGDAEMUN HISTORY & CULTURE PARK 동대문 역사 문화 공원.
- Prosegui per 3 stazioni e scendi alla stazione (424) MYEONGDONG. USCITA #5

(424) MYEONGDONG 명동

Myeongdong
명동

Jung-gu, Myeongdong 2-ga
서울 중구 명동2가

circa 5 min

- Prendi il treno diretto OIDO 오이도 alla stazione (424) MYEONGDONG 명동.
- Prosegui per una stazione e scendi alla stazione (425) HOEHYEON 회현. USCITA #5

(425) HOEHYEON 회현

Mercato di Namdaemun
남대문 시장

Jung-gu, Namdaemunshijang 4-gil 21
서울 중구 남대문시장4길 21

PER RENDERE OMAGGIO.

(238)=(622) HAPJEONG 합정

Santuario dei Martiri di Jeoldusan
절두산 성지

Mapo-gu, Tojeong-ro 6
서울 마포구 토정로 6

Cimitero dei Missionari Stranieri di Yanghwajin 양화진외국인선교사묘원

Mapo-gu Yanghwajin-gil 46
마포구 양화진길 46

circa 28 min

- Prendi il treno diretto a DANGSAN 당산 alla stazione (238)=(622) HAPJEONG 합정.
- Prosegui per 1 stazione e scendi alla stazione (237)=(913) DANGSAN 당산.
- Effettua il cambio con la linea 9 camminando fino al binario.
- Prendi il treno diretto all'ASSEMBLEA NAZIONALE 국회의사당 alla fermata (913)=(237).
- Continua per 4 stazioni e scendi alla stazione (917)=(136) NORYANGJIN 노량진. USCITA #2

(917)=(136) NORYANGJIN 노량진

Le Tombe dei Sei Martiri di Sayuksinmyo 사육신묘

Dongjak-gu Noryangjin 1-dong
서울 동작구 노량진1동

circa 24 min

- Prendi il treno diretto a NODEUL 노들 alla stazione (136)=(917) NORYANGJIN 노량진.
- Continua per 3 stazioni e scendi alla stazione (920)=(431) DONGJAK 동작. USCITA #8

(920)=(431) DONGJAK 동작

Cimitero Nazionale
국립 서울 현충원

Dongjak-gu Hyeonchung-ro 210
서울 동작구 현충로 210

PER RICORDARE IL PASSATO

(326) DONGNIMMUN 독립문

Prigione di Seodaemun
서대문 형무소

Seodaemun-gu, Tongil-ro 251
서울 서대문구 통일로 251

Porta di Dongnimmun
독립문

Seodaemun-gu Hyeonjeo-dong 941
서울 서대문구 현저동 941

circa 24 min

- Prendi il treno diretto a GYEONGBOKGUNG 경복궁 alla stazione (326) DONGNIMMUN 독립문.
- Prosegui per 2 stazioni e scendi alla stazione (328) ANGUK 안국. USCITA #4

(328) ANGUK 안국

Museo Folcloristico Nazionale della Corea 국립민속박물관

Jongno-gu, Samcheong-ro 37
서울 종로구 삼청로 37

- Prendi il treno diretto JONGNO 3(SAM)-GA 종로3가 alla stazione (328) ANGUK 안국.
- Prosegui per 3 stazioni e scendi alla stazione (331)=(423) CHUNGMURO 충무로.
- Effettua il cambio con la linea 4 camminando fino al binario.
- Prendi il treno diretto a MYEONGDONG 명동.
- Prosegui per 5 stazioni e scendi alla stazione (428)=(628) SAMGAKJI 삼각지. USCITA #1

circa 40 min

(428)=(628) SAMGAKJI 삼각지

Monumento ai Caduti
전쟁기념관

Yongsan-gu, Itaewon-ro 29
서울 용산구 이태원로 29

- Effettua il cambio con la linea 6 camminando fino al binario.
- Prendi il treno diretto a NOKSAPYEONG 녹사평.
- Prosegui per 12 stazioni e scendi alla fermata (640) KOREA UNIV. 고려대. USCITA #3

circa 40 min

(640) KOREA UNIV. 고려대

Sala del Memoriale del Re Sejong il Grande 세종대왕 기념관

Dongdaemun-gu Hoegi-ro 57
서울 동대문구 회기로 57

(421)=(128) DONGDAEMUN 동대문

Parco Heunginjimun
흥인지문 공원

Jongno-gu Jong-ro 6-ga 70
서울 종로구 종로6가 70

Cheonggyecheon
청계천

Jongno-gu Changsin-dong
서울 종로구 창신동

circa 22 min

- Prendi il treno diretto al DONGDAEMUN HISTORY & CULTURE PARK 동대문역사문화공원 a (421)=(128). (421)=(128) DONGDAEMUN 동대문 stazione.
- Prosegui per 2 stazioni e scendi alla stazione (423)=(331) CHUNGMURO 충무로. USCITA N. 4.

(423)=(331) CHUNGMURO 충무로

Villaggio Hanok di Namsangol
남산골 한옥 마을

Jung-gu, Toegye-ro 34-gil 28
서울 중구 퇴계로34길 28

circa 8 min

- Prendi la linea DONGGUK UNIV. 동대입구 alla stazione (423)=(331) CHUNGMURO 충무로.
- Effettua il cambio con la linea 3 camminando fino al binario.
- Prendi il treno diretto OGEUM 오금.
- Prosegui per 5 stazioni e scendi alla stazione (336) APGUJEONG 압구정. USCITA #6.

(336) APGUJEONG 압구정

K-Star Road
케이스타 로드

Gangnam-gu, Apgujeong-ro 394
서울 강남구 압구정동 394

circa 36 min

- Prendi il treno diretto SINSA 신사 alla stazione (336) APGUJEONG 압구정.
- Prosegui per 4 stazioni e scendi a (340)=(223) SEUL NAT'L UNIV. OF EDUCATION 교대(법원/검찰청).
- Effettua il cambio con la linea 2 camminando fino al binario.
- Prendi il treno diretto a GANGNAM STATION 강남역.
- Prosegui per 3 stazioni e scendi alla fermata (220) SEOLLEUNG 선릉. USCITA 10

(220) SEOLLEUNG 선릉

Tombe Reali di Seonjeongneung
서울 선릉과 정릉

Gangnam-gu Samseong-2-dong 100-gil 1
서울 강남구 삼성2동 선릉로100길 1

FESTA!

(136)=(917) NORYANGJIN 노량진

Mercato Ittico di Noryangjin
노량진 수산 시장

Dongjak-gu Nodeul-ro 674
서울 동작구 노들로 674

circa 36 min
- Prendi il treno diretto a YONGSAN 용산 alla stazione (136)=(917) NORYANGJIN 노량진.
- Prosegui per 7 stazioni e scendi a (129) JONGNO-5(O)-GA 종로5가. USCITA #8

(129) JONGNO-5(O)-GA 종로5가

Mercato di Gwangjang
광장시장

Jongno-gu Changgyeonggung-ro 88
서울 종로구 창경궁로 88

circa 18 min
- Prendi il treno diretto JONGNO-3(SAM)-GA 종로3가 alla stazione (129) JONGNO-5(O)-GA 종로5가.
- Prosegui per 1 stazione e scendi alla fermata (130)=(329)=(534) JONGNO-3(SAM)-GA 종로3가.
- Effettua il cambio con la linea 3 camminando fino al binario.
- Prendi il treno EULJIRO-3(SAM)-GA 을지로 3가.
- Prosegui per 7 stazioni e scendi alla stazione (332) DONGGUK UNIVERSITY 동대입구역. USCITA #3.

(332) DONGGUK UNIVERSITY 동대입구역

Vicolo Jokbal (Zampone di Maiale al Vapore)
장충동 족발 골목

Jung-gu, Jangchungdan-ro 174
서울 중구 장충단로 174

circa 41 min
- Prendi il treno diretto a YAKSU 약수 alla stazione (332) DONGGUK UNIVERSITY 동대입구역.
- Prosegui per 8 stazioni e scendi alla fermata (340)=(223) SEUL NAT'L UNIV. OF EDUCATION 교대(법원/검찰청).
- Effettua il cambio con la linea 2 camminando fino al binario.
- Prendi il treno diretto SEOCHO 서초.
- Prosegui per 7 stazioni e scendi alla stazione (230) SILLIN 신림. USCITA #4

(230) SILLIM 신림

Sillim-dong Sundae Town
신림동 순대타운

Gwanak-gu, Sillim-ro 59-gil 14
서울 관악구 신림로 59길 14

circa 38 min
- Prendi il treno diretto a SINDAEBANG 신대방 alla stazione (230) SILLIM 신림.
- Prosegui per 19 stazioni e scendi alla stazione (206)=(635) SINDANG 신당. USCITA #8

(206)=(635) SINDANG 신당

Sindangdong Tteokbokki Town
신당동 떡볶이타운

Jung-gu Cheonggu-ro 77
서울 중구 청구로 77

(536) DONGDAEMUN HISTORY & CULTURE PARK 동대문역사문화공원

Dongdaemun Digital Plaza (DDP)
동대문 디지털 플라자

Jung-gu, Eulji-ro 281
서울 중구 을지로 281

- Prendi il treno EULJIRO 4(SA)-GA 을지로 4가 diretto a (536) DONGDAEMUN HISTORY & CULTURE PARK 동대문역사문화공원.
- Percorri 9 stazioni e scendi alla stazione (527) YEOUINARU 여의나루. USCITA #4

circa 38 min

(527) YEOUINARU 여의나루

63 Square
63 스퀘어

Yeongdeungpo-gu 63-ro 50
서울 영등포구 63로 50

- Prendi il treno diretto a BANGHWA 방화 alla stazione (527) YEOUINARU 여의나루.
- Prosegui per 2 stazioni e scendi alla stazione (525)=(915) YEOUIDO 여의도. USCITA #3

circa 5 min

(525)=(915) YEOUIDO 여의도

IFC Mall
IFC 몰

Yeongdeungpo-gu Gukjegeumyung-ro 10
서울 영등포구 국제금융로 10

- Effettua il cambio con la linea 9 camminando fino al binario.
- Prendi il treno diretto a SAETGANG 샛강.
- Prosegui per 3 stazioni e scendi alla stazione ((923)=(734)=(339) EXPRESS BUS TERMINAL 고속터미널. USCITA #8-1

circa 5 min

(923)=(734)=(339) EXPRESS BUS TERMINAL 고속터미널

Sevit Seom (Isola Galleggiante))
세빛섬

Seocho-gu, Ollimpil-daero 2085-14
서울 서초구 올림픽대로 2085-14

		#	ING	COR	CIN	TRANSF.	DIST.(km)	DIST. ACCUM.(km)
		100	Soyosan	소요산	逍遥山		-	0
		101	Dongducheon	동두천	东豆川		2.5	2.5
		102	Bosan	보산	保山		1.6	4.1
		103	Dongducheon Jungang	동두천중앙	东豆川中央		1.4	5.5
		104	Jihaeng	지행	纸杏		1	6.5
		105	Deokjeong	덕정	德亭		5.6	12.1
		106	Deokgye	덕계	德溪		2.9	15
		107	Yangju	양주	杨州		5.3	20.3
		108	Nogyang	녹양	绿杨		1.6	21.9
		109	Ganeung	가능	佳陵		1.3	23.2
		110	Uijeongbu	의정부	议政府		1.2	24.4
		111	Hoeryong	회룡	回龙		1.6	26
●		112	Mangwolsa	망월사	望月寺		1.4	27.4
●		113	Dobongsan	도봉산	道峰山	7	2.3	29.7
●		114	Dobong	도봉	道峰		1.2	30.9
●		115	Banghak	방학	放鹤		1.3	32.2
●		116	Chang-dong	창동	仓洞	4	1.7	33.9
●		117	Nokcheon	녹천	鹿川		1	34.9
●		118	Wolgye	월계	月溪		1.4	36.3
		119	Kwangwoon Univ.	광운대	光云大学		1.1	37.4
●		120	Seokgye	석계	石溪	6	1.1	38.5
●		121	Sinimun	신이문	新里门		1.4	39.9
●		122	Hankuk Univ. of Foreign Studies	외대앞	韩国外国语大学		0.8	40.7
		123	Hoegi	회기	回基		0.8	41.5
●	●	124	Cheongnyangni (University of Seoul)	청량리 (서울시립대입구)	清凉里(首尔市立大学)		1.4	42.9
	●	125	Jegidong	제기동	祭基洞		1	43.9
●	●	126	Sinseoldong	신설동	新设洞	2	0.9	44.8
●	●	127	Dongmyo	동묘앞	东庙	6	0.7	45.5
●	●	128	Dongdaemun	동대문	东大门	4	0.6	46.1
	●	129	Jongno 5(o)-ga	종로5가	钟路五街		0.8	46.9
●	●	130	Jongno 3(sam)-ga	종로3가	钟路三街	3 5	0.9	47.8

♟	🔒	#	ING	COR	CIN	TRANSF.	DIST.(km)	DIST. ACCUM.(km)
	●	131	Jonggak	종각	钟阁		0.8	48.6
●	●	132	City Hall	시청	市厅	2	1	49.6
	●	133	Seoul Station	서울역	首尔(站)	4	1.1	50.7
●		134	Namyeong	남영	南营		1.7	52.4
●		135	Yongsan	용산	龙山		1.5	53.9
		136	Noryangjin	노량진	鹭梁津	9	2.6	56.5
●		137	Daebang	대방	大方		1.5	58
●		138	Singil	신길	新吉	5	0.8	58.8
		139	Yeongdeungpo	영등포	永登浦		1	59.8
●		140	Sindorim	신도림	新道林	2	1.5	61.3
●		141	Guro	구로	九老	1 *	1.1	62.4
●		142	Guil	구일	九一		1.4	63.8
		143	Gaebong	개봉	开峰		1	64.8
		144	Oryu-dong	오류동	梧柳洞		1.3	66.1
		145	Onsu	온수	温水	7	1.9	68
		146	Yeokgok	역곡	驿谷		1.3	69.3
		147	Sosa	소사	素砂		1.5	70.8
		148	Bucheon	부천	富川		1.1	71.9
		149	Jung-dong	중동	中洞		1.7	73.6
		150	Songnae	송내	松内		1	74.6
		151	Bugae	부개	富开		1.2	75.8
●		152	Bupyeong	부평	富平		1.5	77.3
		153	Baegun	백운	白云		1.7	79
		154	Dongam	동암	铜岩		1.5	80.5
●		155	Ganscok	간석	间石		1.2	81.7
●		156	Juan	주안	朱安		1.2	82.9
		157	Dohwa	도화	道禾		1	83.9
		158	Jemulpo	제물포	济物浦		1	84.9
		159	Dowon	도원	桃源		1.4	86.3
		160	Donigncheon	동인천	东仁川		1.2	87.5
		161	Incheon	인천	仁川		1.9	89.4

141 La stazione di Guro si divide in un ramo separato (direzione sud) contrassegnato con un prefisso P. Continua alla pagina successiva.

		#	ING	COR	CIN	TRANSF.	DIST.(km)	DIST. ACCUM.(km)
		P142	Gasan Digital Complex	가산디지털단지	加山数码园区	7	2.4	64.8
		P143	Doksan	독산	秃山		2	66.8
		P144	Geumcheon-gu Office	금천구청	衿川区厅	1*	1.2	68
		P144-1	Gwangmyeong	광명	光明	1*, KTX	4.7	N/A
●		P145	Seoksu	석수	石水		2.3	70.3
●		P146	Gwanak	관악	冠岳		1.9	72.2
		P147	Anyang	안양	安养		2.4	74.6
●		P148	Myeonghak	명학	鸣鹤		2.2	76.8
●		P149	Geumjeong	금정	衿井	4	1.4	78.2
		P150	Gunpo	군포	军浦		2.2	80.4
		P151	Dangjeong	당정	堂井		1.6	82
		P152	Uiwang	의왕	义王		2.6	84.6
●		P153	Sungkyunkwan Univ.	성균관대	成均馆大学		2.9	87.5
●		P154	Hwaseo	화서	华西		2.6	90.1
●		P155	Suwon	수원	水原		2.1	92.2
		P156	Seryu	세류	细柳		2.9	95.1
		P157	Byeongjeom	병점	饼店	1*	4.3	99.4
		P157-1	Seodongtan	서동탄	西东滩	1*	2.2	N/A
		P158	Sema	세마	西东滩		2.4	101.8
		P159	Osan Univ.	오산대	洗马		2.7	104.5
		P160	Osan	오산	乌山大学		2.7	107.2
		P161	Jinwi	진위	乌山		4	111.2
		P162	Songtan	송탄	振威		3.8	115
		P163	Seojeongni	서정리	松炭		2.2	117.2
		P164	Pyeongtaekjije	평택지제	西井里		4.8	122
		P165	Pyeongtaek	평택	芝制		3.7	125.7
		P166	Seonghwan	성환	平泽		9.4	135.1
		P167	Jiksan	직산	成欢		5.4	140.5
		P168	Dujeong	두정	稷山		3.8	144.3
		P169	Cheonan	천안	斗井		3	147.3
		P170	Bongmyeong	봉명	天安		1.5	148.8
		P171	Ssangyong (Korea Nazarene Univ.)	쌍용(나사렛대)	凤鸣		1.5	150.3
		P172	Asan	아산	双龙(拿撒勒大学)		1.5	151.8
		P173	Tangjeong	탕정	牙山		1.8	153.6
		P174	Baebang	배방	排芳		3.1	156.7
		P176	Onyangoncheon	온양온천	温阳温泉		4.9	161.6
		P177	Sinchang (Soonchunhyang Univ.)	신창(순천향대)	新昌		5.1	166.7

P144 Geumcheon-gu Office si collega a P144-1 Gwangmyeong, che è l'unica fermata della filiale.

P157 Byeongjeom si collega a P157-1 Seodongtan, l'unica fermata all'uscita. La distanza tra i due è di 4,7 km.

♿	🔒	#	ING	COR	CIN	TRANSF.	DIST.(km)	DIST. ACCUM.(km)
●	●	201	City Hall	시청	市厅	1		
	●	202	Euljiro 1(il)-ga	을지로입구	乙支路入口		0.7	0.7
●	●	203	Euljiro 3(sam)-ga	을지로3가	乙支路三街	3	0.8	1.5
	●	204	Euljiro 4(sa)-ga	을지로4가	乙支路四街	5	0.6	2.1
●	●	205	Dongdaemun History & Culture Park	동대문역사문화공원	东大门历史文化公园	4 5	1	3.1
	●	206	Sindang	신당	新堂	6	0.9	4
	●	207	Sangwangsimni	상왕십리	上往十里		0.9	4.9
●	●	208	Wangsimni	왕십리	往十里	5	0.8	5.7
	●	209	Hanyang Univ.	한양대	汉阳大学		1	6.7
	●	210	Ttukseom	뚝섬	纛岛		1.1	7.8
	●	211	Seongsu	성수	圣水	2 -1*	0.8	8.6
●	●	212	Konkuk Univ.	건대입구	建国大学	7	1.2	9.8
	●	213	Guui(Gwangjin-gu Office)	구의(광진구청)	九宜		1.6	11.4
	●	214	Gangbyeon(Dongseoul Bus Terminal)	강변(동서울터미널)	江边(东首尔客运站)		0.9	12.3
	●	215	Jamsillaru	잠실나루	蚕室渡口		1.8	14.1
	●	216	Jamsil(Songpa-gu Office)	잠실(송파구청)	蚕室(松坡区厅)	8	1	15.1
	●	217	Jamsilsaenae	잠실새내	蚕室新川		1.2	16.3
●	●	218	Sports Complex	종합운동장	综合运动场	9	1.2	17.5
	●	219	Samseong(World Trade Center Seoul)	삼성(무역센터)	三成(会展中心)		1	18.5
	●	220	Seolleung	선릉	宣陵		1.3	19.8
	●	221	Yeoksam	역삼	驿三		1.2	21
●	●	222	Gangnam	강남	江南		0.8	21.8
	●	223	"Seoul Nat'l Univ. of Education (Court & Public Prosecutors' Office)"	교대(법원·검찰청)	首尔教育大学	3	1.2	23
	●	224	Seocho	서초	瑞草		0.7	23.7
	●	225	Bangbae(Baekseok Arts Univ.)	방배(백석예술대)	方背		1.7	25.4
	●	226	Sadang	사당	舍堂	4	1.6	27
	●	227	Nakseongdae	낙성대	落星垈		1.7	28.7
	●	228	Seoul Nat'l Univ.(Gwanak-gu Office)	서울대입구 (관악구청)	首尔大学(冠岳区厅)		1	29.7
	●	229	Bongcheon	봉천	奉天		1	30.7
	●	230	Sillim	신림	新林		1.1	31.8
●	●	231	Sindaebang	신대방	新大方		1.8	33.6
●	●	232	Guro Digital Complex (Wonkwang Digital Univ.)	구로디지털단지 (원광디지털대)	九老数码园区		1.1	34.7

		#	ING	COR	CIN	TRANSF.	DIST.(km)	DIST. ACCUM.(km)
●	●	233	Daerim(Guro-gu Office)	대림(구로구청)	大林	7	1.1	35.8
●	●	234	Sindorim	신도림	新道林	1 2 -2*	1.8	37.6
	●	235	Mullae	문래	文来		1.2	38.8
●	●	236	Yeongdeungpo-gu Office	영등포구청	永登浦区厅	5	0.9	39.7
●	●	237	Dangsan	당산	堂山	9	1.1	40.8
	●	238	Hapjeong	합정	合井	6	2	42.8
	●	239	Hongik Univ.	홍대입구	弘益大学		1.1	43.9
	●	240	Sinchon	신촌	新村		1.3	45.2
	●	241	Ewha Womans Univ.	이대	梨花女子大学		0.8	46
	●	242	Ahyeon(Chugye Univ. for the Arts)	아현(추계예술대)	阿岘		0.9	46.9
	●	243	Chungjeongno(Kyonggi Univ.)	충정로(경기대입구)	忠正路	5	0.8	47.7

2-1 Seongsu Branch

		#	ING	COR	CIN	TRANSF.	DIST.(km)	DIST. ACCUM.(km)
	●	211-1	Yongdap	용답	龙踏		2.3	2.3
●	●	211-2	Sindap	신답	新踏		1.0	3.3
●	●	211-3	Yongdu(Dongdaemun-gu Office)	용두(동대문구청)	龙头(东大门区厅)		0.9	4.2
●	●	211-4	Sinseoldong	신설동	新设洞	1	1.2	5.4

2-2 Sinjeong Branch

		#	ING	COR	CIN	TRANSF.	DIST.(km)	DIST. ACCUM.(km)
	●	234-1	Dorimcheon	도림천	道林川		1.0	1.0
●	●	234-2	Yangcheon-gu Office	양천구청	阳川区厅		1.7	2.7
	●	234-3	Sinjeongnegeori	신정네거리	新亭十字路口		1.9	4.6
		234-4	Kkachisan	까치산	喜鹊山	5	1.4	6.0

♿	🔒	#	ING	COR	CIN	TRANSF.	DIST.(km)	DIST. ACCUM. (km)
		309	Daehwa	대화	大化			
		310	Juyeop	주엽	注叶		1.4	1.4
		311	Jeongbalsan	정발산	鼎鉢山		1.6	3
		312	Madu	마두	马头		0.9	3.9
		313	Baekseok	백석	白石		1.4	5.3
●		314	Daegok	대곡	大谷		2.5	7.8
		315	Hwajeong	화정	花井		2.1	9.9
		316	Wondang	원당	元堂		2.6	12.5
		317	Wonheung	원흥	元兴		2.9	15.4
		318	Samsong	삼송	三松		2.1	17.5
●	●	319	Jichuk	지축	紙杻		1.7	19.2
	●	320	Gupabal	구파발	旧把拨		1.5	20.7
●	●	321	Yeonsinnae	연신내	延新川	⑥	2	22.7
	●	322	Bulgwang	불광	佛光	⑥	1.3	24
	●	323	Nokbeon	녹번	碌磻		1.1	25.1
	●	324	Hongje (Seoul Culture Arts Univ.)	홍제	弘济		1.6	26.7
●	●	325	Muakjae	무악재	毋岳岭		0.9	27.6
●	●	326	Dongnimmun	독립문	独立门		1.1	28.7
●	●	327	Gyeongbokgung (Government Complex-Seoul)	경복궁 (정부서울청사)	景福宫		1.6	30.3
	●	328	Anguk	안국	安国		1.1	31.4
●	●	329	Jongno 3(sam)-ga	종로3가	钟路三街	① ⑤	1	32.4
●	●	330	Euljiro 3(sam)-ga (Shinhan Card)	을지로3가 (신한카드)	乙支路三街	②	0.6	33
●	●	331	Chungmuro	충무로	忠武路	④	0.7	33.7
●	●	332	Dongguk Univ.	동대입구	东国大学		0.9	34.6
●	●	333	Yaksu	약수	药水		0.7	35.3
●	●	334	Geumho	금호	金湖	⑥	0.8	36.1
	●	335	Oksu	옥수	玉水		0.8	36.9
	●	336	Apgujeong (Hyundai Department Store)	압구정(현대백화점)	狎鸥亭		2.1	39
	●	337	Sinsa	신사	新沙		1.5	40.5
●	●	338	Jamwon	잠원	蚕院	⑦ ⑨	0.9	41.4
	●	339	Express Bus Terminal	고속터미널	高速巴士客运站		1.2	42.6

![wheelchair]	![lock]	#	ING	COR	CIN	TRANSF.	DIST. (km)	DIST. ACCUM. (km)
	●	340	Seoul Nat'l Univ. of Education (Court & Public Prosecutor's Office)	교대(법원·검찰청)	首尔教育大学	②	1.6	44.2
●	●	341	Nambu Bus Terminal (Seoul Arts Center)	남부터미널 (예술의전당)	南部客运站		0.9	45.1
●	●	342	Yangjae(Seocho-gu Office)	양재(서초구청)	良才		1.8	46.9
	●	343	Maebong	매봉	梅峰		1.2	48.1
	●	344	Dogok	도곡	道谷		0.8	48.9
●	●	345	Daechi	대치	大峙		0.8	49.7
	●	346	Hangnyeoul	학여울	鹤滩		0.8	50.5
●	●	347	Daecheong	대청	大厅		0.9	51.4
	●	348	Irwon	일원	逸院		1.2	52.6
●	●	349	Suseo	수서	水西		1.8	54.4
●	●	350	Garak Market	가락시장	可乐市场	⑧	1.4	55.8
●	●	351	Nat'l Police Hospital	경찰병원	警察医院		0.8	56.6
●	●	352	Ogeum	오금	梧琴	⑤	0.8	57.4

		#	ING	COR	CIN	TRANSF.	DIST.(km)	DIST. ACCUM. (km)
	●	409	Danggogae	당고개	堂岭			
●	●	410	Sanggye	상계	上溪		1.2	1.2
●	●	411	Nowon	노원	芦原	7	1	2.2
●	●	412	Chang-dong	창동	仓洞	1	1.4	3.6
●	●	413	Ssangmun	쌍문	双门		1.3	4.9
	●	414	Suyu (Gangbuk-gu Office)	수유(강북구청)	水逾		1.5	6.4
	●	415	Mia (Seoul Cyber University)	미아(서울사이버대학)	彌阿		1.4	7.8
	●	416	Miasageori	미아사거리	弥阿十字路口		1.5	9.3
	●	417	Gireum	길음	吉音		1.3	10.6
●	●	418	Sungshin Women's University (Donam)	성신여대입구(돈암)	诚信女子大学(敦岩)		1.4	12
	●	419	Hansung University (Samseongyo)	한성대입구(삼선교)	汉城大学(三仙桥)		1	13
	●	420	Hyehwa	혜화	惠化		0.9	13.9
●	●	421	Dongdaemun	동대문	东大门	1	1.5	15.4
●	●	422	Dongdaemun History & Culture Park	동대문역사문화공원 (DDP)	东大门历史文化公园	2 5	0.7	16.1
●	●	423	Chungmuro	충무로	忠武路	3	1.3	17.4
●	●	424	Myeong-dong	명동(정화예술대)	明洞		0.7	18.1
●	●	425	Hoehyeon (Namdaemun Market)	회현(남대문시장)	会贤(南大门市场)		0.7	18.8
	●	426	Seoul Station	서울역	首尔(站)	1	0.9	19.7
	●	427	Sookmyung Women's University (Garwol)	숙대입구(갈월)	淑明女子大学(葛月)		1	20.7
●	●	428	Samgakji	삼각지	三角地	6	1.2	21.9
	●	429	Sinyongsan (AMOREPACIFIC)	신용산(아모레퍼시픽)	新龙山		0.7	22.6
●	●	430	Ichon (National Museum of Korea)	이촌(국립중앙박물관)	二村		1.3	23.9
●	●	431	Dongjak (Seoul National Cemetery)	동작(현충원)	铜雀	9	2.7	26.6
●	●	432	Chongsin University (Isu)	총신대입구(이수)	总神大学(梨水)	7	1.8	28.4
●	●	433	Sadang	사당	舍堂	2	1.1	29.5
●	●	434	Namtaeryeong	남태령	南泰岭		1.6	31.1
		435	Seonbawi	선바위	立岩		2	33.1
		436	Seoul Racecourse Park	경마공원	竞马公园		1	34.1
		437	Seoul Grand Park	대공원 (서울랜드)	首尔大公园		0.9	35
●		438	Gwacheon	과천	果川		1	36
●		439	Government Complex Gwacheon	정부과천청사	政府果川厅舍		1	37
		440	Indeogwon	인덕원	仁德院		3	40
		441	Pyeongchon	평촌	坪村		1.6	41.6
		442	Beomgye	범계	凡溪		1.3	42.9

👥	🔒	#	ING	COR	CIN	TRANSF.	DIST.(km)	DIST. ACCUM.(km)
●		443	Geumjeong	금정	衿井	①	2.6	45.5
		444	Sanbon	산본	山本		2.3	47.8
		445	Surisan	수리산	修理山		1.1	48.9
		446	Daeyami	대야미	大夜味		2.6	51.5
		447	Banwol	반월	半月		2	53.5
●		448	Sangnoksu	상록수	常緑樹		3.7	57.2
●		449	Hanyang University at Ansan	한대앞	汉阳大学(安山)		1.5	58.7
●		450	Jungang	중앙	中央		1.6	60.3
●		451	Gojan	고잔	古栈		1.4	61.7
●		452	Choji	초지	草芝		1.5	63.2
		453	Ansan	안산	安山		1.8	65
		454	Singiloncheon	신길온천	新吉溫泉		2.2	67.2
		455	Jeongwang	정왕	正往		2.9	70.1
		456	Oido	오이도	烏耳島		1.4	71.5

		#	ING	COR	CIN	TRANSF.	DIST.(km)	DIST. ACCUM. (km)
	●	510	Banghwa	방화	傍花			
	●	511	Gaehwasan	개화산	开花山		0.9	0.9
	●	512	Gimpo Int'l Airport	김포공항	金浦机场	9	1.2	2.1
	●	513	Songjeong	송정	松亭		1.2	3.3
	●	514	Magok(Home & Shopping)	마곡(홈앤쇼핑)	麻谷		1.1	4.4
	●	515	Balsan	발산	钵山		1.2	5.6
	●	516	Ujangsan	우장산	雨裝山		1.1	6.7
	●	517	Hwagok	화곡	禾谷		1	7.7
	●	518	Kkachisan	까치산	喜鹊山	2	1.2	8.9
●	●	519	Sinjeong(Eunhaengjeong)	신정(은행정)	新亭		1.3	10.2
	●	520	Mok-dong	목동	木洞		0.8	11
	●	521	Omokgyo (Mokdong Stadium)	오목교(목동운동장앞)	梧木桥(木洞运动场)		0.9	11.9
●	●	522	Yangpyeong	양평	杨坪		1.1	13
	●	523	Yeongdeungpo-gu Office	영등포구청	永登浦区厅	2	0.8	13.8
	●	524	Yeongdeungpo Market (Hallym Univ. Hanggang Sacred Heart Hospital)	영등포시장 (한림대 한강성심병원)	永登浦市场		0.9	14.7
	●	525	Singil	신길	新吉	1	1.1	15.8
●	●	526	Yeouido	여의도	汝矣島	9	1	16.8
	●	527	Yeouinaru	여의나루	汝矣渡口		1	17.8
	●	528	Mapo	마포	麻浦		1.8	19.6
		529	Gongdeok	공덕	孔德	6	0.8	20.4
	●	530	Aeogae	애오개	儿岭		1.1	21.5
	●	531	Chungjeongno(Kyonggi Univ.)	충정로(경기대입구)	忠正路	2	0.9	22.4
	●	532	Seodaemun(Kangbuk Samsung Hospital)	서대문(강북삼성병원)	西大门		0.7	23.1
	●	533	Gwanghwamun (Sejong Center for the Perfoming Arts)	광화문(세종문화회관)	光化门(世宗文化会馆)		1.1	24.2
●	●	534	Jongno 3(sam)-ga(Tapgol Park)	종로3가(탑골공원)	钟路三街	1 3	1.2	25.4
	●	535	Euljiro 4(sa)-ga	을지로4가	乙支路四街	2	1	26.4
	●	536	Dongdaemun History & Culture Park	동대문역사문화공원 (DDP)	东大门历史文化公园	2 4	0.9	27.3
	●	537	Cheonggu	청구	靑丘	6	0.9	28.2
	●	538	Singeumho	신금호	新金湖		0.9	29.1
	●	539	Haengdang	행당	杏堂		0.8	29.9
●	●	540	Wangsimni(SeongDong-Gu Office)	왕십리(성동구청)	往十里	2	0.9	30.8

![restroom]	![locker]	#	ING	COR	CIN	TRANSF.	DIST.(km)	DIST. ACCUM. (km)
	●	541	Majang	마장	马场		0.7	31.5
	●	542	Dapsimni	답십리	踏十里		1	32.5
	●	543	Janghanpyeong	장한평	长汉坪		1.2	33.7
	●	544	Gunja(Neung-dong)	군자(능동)	君子(陵洞)	⑦	1.5	35.2
	●	545	Achasan (Rear Entrance to Seoul Children's Grand Park)	아차산 (어린이대공원후문)	峨嵯山		1	36.2
	●	546	Gangnaru (Presbyterian Univ. & College & Seminary)	광나루(장신대)	广渡口(长神大学)		1.5	37.7
	●	547	Cheonho (Pungnaptoseong)	천호(풍납토성)	千戶	⑧	2	39.7
	●	548	Gangdong	강동	江东	⑤-1	0.8	40.5
	●	549	Gil-dong	길동	吉洞		0.9	41.4
	●	550	Gubeundari (Gangdong Community Center)	굽은다리(강동구민회관앞)	曲桥(江东区民会馆)		0.8	42.2
	●	551	Myeongil	명일	明逸		0.7	42.9
	●	552	Godeok(Kyung Hee Univ. Hospital at Gangdong)	고덕(강동경희대병원)	高德		1.2	44.1
	●	553	Sangil-dong	상일동	上一洞		1.1	45.2

![restroom]	![locker]	#	ING	COR	CIN	TRANSF.	DIST.(km)	DIST. ACCUM. (km)
	●	P549	Dunchon-dong	둔촌동	遁村洞		1.2	1.2
●	●	P550	Olympic Park (Korean National Sport Univ.)	올림픽공원(한국체대)	奥林匹克公园(韩国体育大学)	⑨	1.4	2.6
	●	P551	Bangi	방이	芳荑		0.9	3.5
●	●	P552	Ogeum	오금	梧琴	③	0.9	4.4
	●	P553	Gaerong	개롱	开笼		0.9	5.3
	●	P554	Geoyeo	거여	巨余		0.9	6.2
	●	P555	Macheon	마천	马川		0.9	7.1

		#	ING	COR	CIN	TRANSF.	DIST.(km)	DIST. ACCUM. (km)
	●	610	Eungam	응암	鷹岩			
	●	611	Yeokchon	역촌	驿村		1.1	1.1
	●	612	Bulgwang	불광	佛光	3	0.8	1.9
	●	613	Dokbawi	독바위	瓮岩		0.9	2.8
	●	614	Yeonsinnae	연신내	延新川	3	1.4	4.2
	●	615	Gusan	구산	龟山		0.9	5.1
	●	616	Saejeol(Sinsa)	새절(신사)	赛折(新寺)		0.9	6
	●	617	Jeungsan(Myongji Univ.)	증산(명지대앞)	缯山(明知大学)		0.9	6.9
●	●	618	Digital Media City	디지털미디어시티	数码媒体城		1.1	8
●	●	619	World Cup Stadium(Seongsan)	월드컵경기장(성산)	世界杯体育场		0.8	8.8
	●	620	Mapo-gu Office	마포구청	麻浦区厅		0.8	9.6
	●	621	Mangwon	망원	望远		1	10.6
	●	622	Hapjeong	합정	合井	2	0.8	11.4
	●	623	Sangsu	상수	上水		0.8	12.2
	●	622	Hapjeong	합정	合井	2	0.8	11.4
	●	623	Sangsu	상수	上水		0.8	12.2
	●	624	Gwangheungchang(Seogang)	광흥창(서강)	广兴仓		0.9	13.1
	●	625	Daeheung(Sogang Univ.)	대흥(서강대앞)	大兴(西江大学)		1	14.1
	●	626	Gongdeok	공덕	孔德	5	0.9	15
	●	627	Hyochang Park	효창공원앞	孝昌公園		0.9	15.9
	●	628	Samgakji	삼각지	三角地	4	1.2	17.1
	●	629	Noksapyeong(Yongsan-gu Office)	녹사평(용산구청앞)	綠莎坪		1.1	18.2
	●	630	Itaewon	이태원	梨泰院		0.8	19
●	●	631	Hangangjin	한강진	汉江镇		1	20
	●	632	Beotigogae	버티고개	波提岭		1	21
●	●	633	Yaksu	약수	药水	3	0.7	21.7
		634	Cheonggu	청구	靑丘	5	0.8	22.5
	●	635	Sindang	신당	新堂	2	0.7	23.2
	●	636	Dongmyo	동묘앞	东庙	1	0.6	23.8
●	●	637	Changsin	창신	昌信		0.9	24.7
	●	638	Bomun	보문	普门		0.8	25.5
●	●	639	Anam(Korea Univ. Hospital)	안암(고대병원앞)	安岩		0.9	26.4
●	●	640	Korea Univ.(Jongam)	고려대(종암)	高丽大学(钟岩)		0.8	27.2
	●	641	Wolgok(Dongduk Women's Univ.)	월곡(동덕여대)	月谷		1.4	28.6
	●	642	Sangwolgok(KIST)	상월곡 (한국과학기술연구원)	上月谷		0.8	29.4
	●	643	Dolgoji	돌곶이	石串		0.8	30.2

👥	🔒	#	ING	COR	CIN	TRANSF.	DIST.(km)	DIST. ACCUM. (km)
●	●	644	Seokgye	석계	石溪	①	1	31.2
		645	Taereung	태릉입구	泰陵	⑦	0.8	32
	●	646	Hwarangdae(Seoul Women's Univ.)	화랑대(서울여대입구)	花郎台 (首尔女子大学)		0.9	32.9
	●	647	Bonghwasan(Seoul Medical Center)	봉화산(서울의료원)	烽火山		0.7	33.6
		648	Sinnae	신내	新內		1.3	34.9

		#	ING	COR	CIN	TRANSF.	DIST.(km)	DIST. ACCUM. (km)
		709	Jangam	장암	长岩	1		
●	●	710	Dobongsan	도봉산	道峰山		1.4	1.4
	●	711	Suraksan	수락산	水落山		1.6	3
	●	712	Madeul	마들	马得		1.4	4.4
	●	713	Nowon	노원	芦原	4	1.2	5.6
	●	714	Junggye(Korean Bible Univ.)	중계(한국성서대)	中溪		1.1	6.7
	●	715	Hagye(Eulji Medical Center)	하계(을지대 을지병원)	下溪		1	7.7
	●	716	Gongneung (Seoul Nat'l Univ. of Science and Technology)	공릉(서울과학기술대)	孔陵		1.3	9
	●	717	Taereung	태릉입구	泰陵	6	0.8	9.8
	●	718	Meokgol	먹골	墨谷		0.9	10.7
	●	719	Junghwa	중화	中和		0.9	11.6
●	●	720	Sangbong(Intercity Bus Terminal)	상봉(시외버스터미널)	上凤 (市外巴士客运站)		1	12.6
	●	721	Myeonmok	면목	面牧		0.8	13.4
	●	722	Sagajeong(Green Hospital)	사가정(녹색병원)	四佳亭		0.9	14.3
	●	723	Yongmasan(Yongma Falls Park)	용마산(용마폭포공원)	四佳亭		0.8	15.1
	●	724	Junggok	중곡	中谷		0.9	16
		725	Gunja(Neung-dong)	군자(능동)	君子(陵洞)	5	1.1	17.1
	●	726	Children's Grand Park(Sejong Univ.)	어린이대공원(세종대)	儿童大公园 (世宗大学)		1.1	18.2
●	●	727	Konkuk University	건대입구	建国大学	2	0.8	19
●	●	728	Ttukseom Park	뚝섬유원지	纛岛游园地		1	20
	●	729	Cheongdam(Korea Gold Exchange)	청담(한국금거래소)	清潭		2	22
	●	730	Gangnam-gu Office	강남구청	江南区厅		1.1	23.1
	●	731	Hak-dong	학동	鹤洞		0.9	24
	●	732	Nonhyeon	논현	论岘		1	25
	●	733	Banpo	반포	盘浦		0.9	25.9
	●	734	Express Bus Terminal	고속터미널	高速巴士客运站	3 9	0.9	26.8
	●	735	Naebang	내방	內方		2.2	29
●	●	736	Isu(Chongsin University)	이수(총신대입구)	梨水	4	1	30
●	●	737	Namseong	남성	南城		1	31
	●	738	Soongsil Univ.(Salpijae)	숭실대입구(살피재)	崇实大学(赛毗陵)		2	33
	●	739	Sangdo	상도	上道		0.9	33.9
	●	740	Jangseungbaegi	장승배기	长丞拜基		0.9	34.8
	●	741	Sindaebangsamgeori	신대방삼거리	新大方丁字路口		1.2	36
	●	742	Boramae	보라매	波拉美		0.8	36.8

♿	🔒	#	ING	COR	CIN	TRANSF.	DIST.(km)	DIST. ACCUM. (km)
	●	743	Sinpung	신풍	新丰		0.9	37.7
●	●	744	Daerim(Guro-gu Office)	대림(구로구청)	大林	2	1.4	39.1
	●	745	Namguro	남구로	南九老		1.1	40.2
	●	746	Gasan Digital Complex(Mario Outlet)	가산디지털단지(마리오아울렛)	加山数码园区	1	0.8	41
	●	747	Cheolsan	철산	铁山		1.4	42.4
	●	748	Gwangmyeongsageori	광명사거리	光明十字路口		1.3	43.7
	●	749	Cheonwang	천왕	天旺		1.7	45.4
	●	750	Onsu(Sungkonghoe Univ.)	온수(성공회대입구)	温水(圣公会大学)		1.5	46.9
		751	Kkachiul	까치울	喜鹊屋		2.2	49.1
●		752	Bucheon Stadium	부천종합운동장	富川綜合運動場		1.2	50.3
		753	Chunui	춘의	春衣		0.9	51.2
		754	Sinjung-dong	신중동	新中洞		1	52.2
		755	Bucheon City Hall	부천시청	富川市厅		1.1	53.3
		756	Sang-dong	상동	上洞		0.9	54.2
		757	Samsan Gymnasium	삼산체육관	三山体育馆		1.1	55.3
		758	Gulpocheon	굴포천	掘浦川		0.9	56.2
●		759	Bupyeong-gu Office	부평구청	富平区厅		0.9	57.1
		760	Sangok	산곡	儿童大公园(世宗大学)		1.6	58.7
●		761	Seoknam(Geobuk Market)	석남(거북시장)	建国大学		2.3	61

![restroom]	![locker]	#	ING	COR	CIN	TRANSF.	DIST.(km)	DIST. ACCUM. (km)
	●	810	Amsa	암사	岩寺			
		811	Cheonho(Pungnaptoseong)	천호(풍납토성)	千户(风纳土城)	5	1.3	1.3
	●	812	Gangdong-gu Office	강동구청	江东区厅		0.9	2.2
	●	813	Mongchontoseong(World Peace Gate)	몽촌토성(평화의문)	梦村土城(平和之门)		1.6	3.8
	●	814	Jamsil(Songpa-gu Office)	잠실(송파구청)	蚕室(松坡区厅)	2	0.8	4.6
●	●	815	Seokchon(Hansol Hospital)	석촌(한솔병원)	石村	9	1.2	5.8
	●	816	Songpa	송파	松坡		0.9	6.7
●	●	817	Garak Market	가락시장	可乐市场	3	0.8	7.5
	●	818	Munjeong	문정	文井		0.9	8.4
	●	819	Jangji	장지	长旨		0.9	9.3
	●	820	Bokjeong	복정	福井		0.9	10.2
	●	821	Namwirye	남위례	南慰礼		1.6	11.8
	●	822	Sanseong	산성	山城		1.1	12.9
	●	823	Namhansanseong(Seongnam Court & Prosecutor's Office)	남한산성입구(성남법원·검찰청)	南汉山城(城南法院·检察厅)		1.3	14.2
	●	824	Dandaeogeori(Shingu College)	단대오거리(신구대학교)	丹垈五岔路口		0.8	15.0
	●	825	Sinheung	신흥	新兴		0.8	15.8
	●	826	Sujin	수진	寿进		0.9	16.7
	●	827	Moran	모란	牡丹		1.0	17.7

		#	ING	COR	CIN	TRANSF.	DIST.(km)	DIST. ACCUM. (km)
	●	901	Gaehwa	개화	开花			
●	●	902	Gimpo Int'l Airport	김포공항	金浦机场	5	3.6	3.6
		903	Airport Market	공항시장	机场市场		0.8	4.4
	●	904	Sinbanghwa	신방화	新傍花		0.8	5.2
		905	Magongnaru	마곡나루(서울식물원)	麻谷渡口		0.9	6.1
	●	906	Yangcheon Hyanggyo	양천향교	阳川乡校		1.4	7.5
	●	907	Gayang	가양	加阳		1.3	8.8
	●	908	Jeungmi	증미	曾米		0.7	9.5
	●	909	Deungchon	등촌	登村		1.0	10.5
	●	910	Yeomchang	염창	盐仓		0.9	11.4
	●	911	Sinmokdong	신목동	新木洞		0.9	12.3
	●	912	Seonyudo	선유도	仙游岛		1.2	13.5
●	●	913	Dangsan	당산	堂山	2	1.0	14.5
●	●	914	National Assembly	국회의사당 (KDB산업은행)	国会议事堂		1.5	16.0
●	●	915	Yeouido	여의도	汝矣島	5	0.9	16.9
	●	916	Saetgang	샛강(KB금융타운)	赛江		0.8	17.7
●	●	917	Noryangjin	노량진	鹭梁津	1	1.2	18.9
	●	918	Nodeul	노들	鹭得		1.1	20.0
	●	919	Heukseok (Chung-Ang Univ.)	흑석(중앙대입구)	黑石(中央大学)		1.1	21.1
●	●	920	Dongjak (Seoul National Cemetery)	동작(현충원)	铜雀(显忠院)	4	1.4	22.5
	●	921	Gubanpo	구반포	旧盘浦		1.0	23.5
	●	922	Sinbanpo	신반포	新盘浦		0.7	24.2
●	●	923	Express Bus Terminal	고속터미널	高速巴士客运站	3 7	0.8	25.0
		924	Sapyeong	사평	砂平		1.1	26.1
	●	925	Sinnonhyeon (Le Meridien Hotel)	신논현(르메르디앙호텔)	新论岘		0.9	27.0
	●	926	Eonju (CHA Gangnam Medical Center)	언주(강남차병원)	彦州		0.8	27.8
	●	927	Seonjeongneung	선정릉	宣靖陵		0.9	28.7
	●	928	Samseongjungang	삼성중앙	三成中央		0.8	29.5
	●	929	Bongeunsa	봉은사	奉恩寺		0.8	30.3
●	●	930	Sports Complex	종합운동장	综合运动场	2	1.4	31.7
		931	Samjeon	삼전	三田		1.4	33.1
		932	Seokchon Gobun	석촌고분	石村古坟		0.8	33.9
●		933	Seokchon	석촌	石村	8	1.0	34.9
		934	Songpanaru	송파나루	松坡渡口		0.8	35.7
		935	Hanseong Baekje	한성백제	汉城百济		0.8	36.5
●		936	Olympic Park	올림픽공원(한국체대)	奥林匹克公园	5	1.4	37.9
		937	Dunchon Oryun	둔촌오륜	遁村五轮		1.0	38.9
		938	VHS Medical Center	중앙보훈병원	中央报勋医院		1.7	40.6

Guida Turistica della Metro di Seul Corea
– Come Godersi le 100 Migliori Attrezioni della Città Prendendo Semplicemente la Metro!

979-11-88195-88-6

FANDOM MEDIA

potresti voler prendere in considerazione anche i seguenti titoli per godere della migliore esperienza di viaggio.

PARLIAMO COREANO

Impara le frasi coreane essenziali per capire e interagire con il popolo coreano. Ti sentirai sicuramente più accolto.

THE K-POP DICTIONARY

Impara le parole e le frasi più utilizzate nella scena K-pop in modo da poter iniziare con naturalezza una conversazione divertente con un coreano, anche se non sei un fan del K-pop

KOREAN CULTURE DICTIONARY

-Impara a comprendere la cultura coreana dalla A alla Z! Vivi al meglio il tuo viaggio comprendendo a fondo tutto ciò che è coreano.

RIFERIMENTI E CREDITI

Amore Pacific Museum of Art	안리나나, CC BY 2.0 KR via https://blog.naver.com/alli_nana/222743599389
Strada Apgujeong Rodeo	쵸묵쵸묵 어흥이, CC BY 2.0 KR via https://blog.naver.com/day265/222652357391
Sito dell'Isediamento Preistorico di Amsa-dong	G41rn8, CC BY-SA 4.0, via Wikimedia Commons
Parco Boramae	Im9128, CC BY 2.0 KR via https://blog.naver.com/lm9128/222102649437
Central City	Pectus Solentis, CC BY-SA 2.0, via Wikimedia Commons
COEX	lohasteru, CC BY-ND 2.0 via https://www.flickr.com/photos/lohasteru/7079246065
Common Ground	Oooobit, CC BY-ND 2.0 KR via https://blog.naver.com/today930809/222720797538
Chungmu Art Center	연, CC BY-ND 2.0 KR via https://blog.naver.com/ssovely8/222600567771
Via dell'Arte Antica di Dapsimni	Jez Nicholson, CC BY-SA 2.0, via https://www.flickr.com/photos/jnicho02/2215664293
Gasan Digital Complex Outlet Town	일상생각 및 방문후기, CC BY 2.0 KR via https://blog.naver.com/smson97/220647329373
GOTO Mall	탁가이버, CC BY 2.0 KR via https://blog.naver.com/tacgyber/222697288578
Hanseong Baekje Museum	Asfreeas, CC BY-SA 3.0, via Wikimedia Commons
Altare di Hwangudan	RYU Cheol, CC BY-SA 3.0, via Wikimedia Commons
IFC MALL	Seoul Guide Korea, CC BY 2.0 via https://www.flickr.com/photos/86137128@N07/8404989590
Incheon Chinatown	Riodamascus, CC BY-SA 4.0, via Wikimedia Commons
Zona Turistica Speciale di Itaewon	Jay Yoo, CC BY-ND 2.0, via https://www.flickr.com/photos/147789682@N06/33238618266
Santuario dei Martiri di Jeoldusan	Michael Gallagher, CC BY-SA 2.0, via https://www.flickr.com/photos/michaelgallagher/14705216454
Chiesa di Jeong Dong Jeil	Ryuch, CC BY-SA 3.0, via Wikimedia Commons
K Star Road	Matt Kieffer, CC BY-SA 2.0, via https://www.flickr.com/photos/mattkieffer/48661242872
KINTEX	Min-Jung KIM, CC BY-SA 2.0, via https://www.flickr.com/photos/129374898@N04/15874272839
Lotte World	Khitai (a flickr user), CC BY-SA 2.0, via Wikimedia Commons
Carte de Séoul	benutzer:ralf roletschek, CC BY-SA 3.0 via Wikimedia Commons
Parc Marronier	Scarlet Sappho, CC BY-SA 2.0, via https://www.flickr.com/photos/skinnylawyer/5481260240
Mecenatpolis Mall	Travel Oriented, CC BY-SA 2.0, via https://www.flickr.com/photos/traveloriented/11921840036
Galleria di Strumenti Nagwon	Republic of Korea, CC BY-SA 2.0, via https://www.flickr.com/photos/koreanet/33235846020
Teatro Nazionale Chongdong	소담, CC BY 2.0 KR via https://blog.naver.com/eao0926/222256714682
Parco Olimpico	Silas Low, CC BY-SA 4.0, via Wikimedia Commons
La Strada dei Cafè di Samcheongdong	Travel Oriented, CC BY-SA 2.0, via https://www.flickr.com/photos/traveloriented/14938329291
Monumento di Pietra di Samjeondobi	Kang Byeong Kee, CC BY 3.0, via Wikimedia Commons
Centro Sejong delle Arti dello Spettacolo	Marcopolis at en.wikipedia, Public domain, via Wikimedia Commons
Villaggio Seorae e Parco Montmartre	eao0926, CC BY-SA 2.0 KR via https://blog.naver.com/eao0926/222221109479
Mercato Popolare dell'Usato di Seul	Republic of Korea, CC BY-SA 2.0, via https://www.flickr.com/photos/koreanet/8641373889
Museo di Storia di Seul	Jjw, CC BY-SA 3.0, via Wikimedia Commons
Cimitero Nazionale	Kys951, Public domain, via Wikimedia Commons
Seoul Plaza	서울시 총무과, CC BY-SA 4.0, via Wikimedia Commons
Seul World Cup Stadium	Photo and Share CC, CC BY 2.0, via Wikimedia Commons
Sinsadong Garosu-gil	꿈꾸는여행 도도, CC BY 2.0 KR via https://blog.naver.com/travelerdodo/222746451352
Station de métro	뽀뽀니, CC BY 2.0 KR via https://blog.naver.com/lovenger/221309142997
Parco Tapgol	Steve46814, CC BY-SA 3.0, via Wikimedia Commons
Times Square	Brit in Seoul, CC BY-SA 4.0, via Wikimedia Commons
Scuola Confuciana Yangcheon Hyanggyo	문화재청, KOGL Type 1 <http://www.kogl.or.kr/open/info/license_info/by.do>, via Wikimedia Commons
Chiesa Presbiteriana di Youngnak	Davidabram at English Wikipedia, Public domain, via Wikimedia Commons